I. INTRODUCTION AUX "PREMIERS MÉMOIRES MATHÉMATIQUES" DE D'ALEMBERT

Né le 17 novembre 1717, d'Alembert commença sa carrière scientifique par la publication en 1740 dans le Journal des sçavans d'un compte-rendu de L'Usage de l'analyse de Descartes de l'abbé J.P. de Gua, puis par la présentation devant l'Académie royale des sciences d'une série de mémoires de calcul intégral qui lui vaudront d'être choisi comme membre adjoint de cette Académie dès le 13 mai 1741. Au cours des années suivantes, il continue à présenter devant l'Académie de Paris les résultats de ses recherches qui évoluent bientôt des mathématiques vers la dynamique et l'hydrodynamique. La publication de deux ouvrages de toute première importance, le Traité de dynamique de 1743 et le Traité de l'équilibre et du mouvement des fluides de 1744, devenus aujourd'hui classiques, lui valurent un prestige mérité que concrétisa sa promotion le 1er mars 1746 au titre d'associé géomètre de l'Académie de Paris.

En 1745, l'intérêt de d'Alembert fut attiré par le programme d'un concours organisé par l'Académie des sciences et belles-lettres de Berlin, récemment réorganisée par le roi Frédéric II, et dont Maupertuis et Euler assumaient respectivement la présidence et la direction de la classe de mathématique. Il s'agissait d'aborder l'étude théorique de la circulation des vents à la surface d'un globe terrestre supposé recouvert entièrement par la mer. D'Alembert rédigea un mémoire en latin sur ce thème qu'il adressa à Berlin en décembre 1745. Le 2 juin 1746, l'Académie de Berlin, sur la recommandation d'une commission présidée par Euler couronna ce travail dont la publication fut réalisée en 1747 en deux éditions parallèles ; l'une à Berlin comprenant le texte original du mémoire de d'Alembert accompagné de ceux des autres concurrents; l'autre à Paris, réalisée par les soins de d'Alembert et réunissant, à la version latine de son mémoire, une traduction française intitulée Réflexions sur la cause générale des vents et complétée par un certain nombre de notes.

Bien que l'état de la science de l'époque n'ait pas permis de traiter entièrement la question proposée, ce travail apportait d'importantes contributions à la genèse des méthodes de la physique mathématique, ainsi que plusieurs innovations mathématiques, dont la plus marquante est la première mention explicite d'une équation aux dérivées partielles. Tirées l'une et l'autre à un faible nombre d'exemplaires, ces deux éditions de la 4e publication de d'Alembert n'ont jamais été rééditées jusqu'à maintenant. Aussi avons-nous fait figurer l'édition de Paris, comportant le texte original et sa version française, dans ce programme de microéditions.

D'Alembert fut certainement très flatté par la distinction dont il était ainsi l'objet, d'autant que l'Académie de Berlin l'avait en même temps élu comme membre étranger, ce qui lui permettait d'envisager la publication de certains travaux dans le recueil annuel de l'<u>Histoire</u> de cette académie. Il y fut d'autant plus sensible que l'Académie de Paris ne l'avait pas encore admis comme membre à part entière (pensionnaire) : il ne le sera qu'en 1756 et encore comme surnuméraire. Aussi ne faut-il pas s'étonner que ce soit dans le recueil de l'Académie de Berlin que d'Alembert se soit décidé à publier ses premiers mémoires mathématiques, bien qu'une partie de leur contenu ait été présentée plusieurs années auparavant devant l'Académie de Paris.

Les 9 textes, d'importance inégale, qui sont reproduits à la suite constituent l'intégralité des écrits de d'Alembert insérés dans les volumes annuels de l'<u>Histoire</u> de l'Académie de Berlin de 1746 à 1750 (publiés entre 1748 et 1752). A la suite d'un grave différend avec Euler, sa collaboration au recueil de Berlin s'interrompt ensuite. En dehors d'une brève lettre de réclamation du 4 février 1757 publiée dans le volume de 1755 (p. 401-402), ce n'est qu'après le départ d'Euler de Berlin en juin 1766 et son remplacement par Lagrange que d'Alembert reprendra sa collaboration à ce recueil (volume de 1765 publié en 1767, p. 381-413). Les circonstances de cette affaire complexe se trouvent précisées dans l'édition en cours de la correspondance échangée entre d'Alembert et Euler (in vol. 5 de la série IVA des Opera omnia d'Euler). Cette édition apporte par ailleurs nombre d'informations nouvelles sur la genèse et l'importance de ces travaux et sur leur place dans l'ensemble de l'oeuvre mathématique de d'Alembert, et ainsi que sur les rapports de cette oeuvre avec celle d'Euler.

La partie essentielle de cette contribution est constituée par 6 écrits concernant le calcul infinitésimal : les mémoires 1, 2, 3 qui remontent à l'année 1746, le mémoire 4 de mars 1747 et les brefs mémoires 6 et 7 datés de juin 1752. S'y ajoutent trois textes complémentaires, une brève lettre de d'Alembert à Maupertuis du 15 novembre 1747 (n° 5), un bref mémoire d'astronomie datant de 1746 (n° 8) et quelques pages d'errata concernant les mémoires insérés dans les volumes de 1746, 1747 et 1748 (n° 9).

Par leurs titres mêmes, les six mémoires mathématiques se regroupent aisément en deux ensembles dont chacun constitue en quelque sorte un travail unique rédigé en plusieurs étapes :

1. - Les mémoires 1, 4, 7 concernent diverses méthodes de calcul intégral et leurs applications à différents problèmes théoriques (première démonstration du théorème fondamental de l'algèbre, étude de diverses intégrales elliptiques, intégration de certains types d'équations différentielles, etc.). Une étude plus précise de cet ensemble reste à faire, mais des informations assez détaillées et quelques références utiles se trouvent dans l'introduction et les notes du volume IV A, 5 des Opera omnia d'Euler déjà mentionné. Signalons toutefois que le mémoire n° 1 comportait une troisième partie consacrée aux logarithmes des nombres négatifs, partie qu'à la suggestion d'Euler, d'Alembert accepta de supprimer. Ayant voulu en vain, en juin 1752, publier une nouvelle version de ce texte dans l'Histoire de l'Académie de Berlin, d'Alembert l'insère en 1761 dans le premier volume de ses Opuscules.

2.- Dans les mémoires 2, 4 et 6, d'Alembert aborde l'étude mathématique du mouvement d'une corde vibrante, grâce à l'introduction et

-pour la première fois - par la résolution explicite d'une équation aux dérivées partielles. Dans cette voie, d'Alembert sera suivi par Euler et par Daniel Bernoulli et leurs conceptions différentes de la nature des fonctions arbitraires intervenant dans la solution des équations aux dérivées partielles les entraîneront dans des polémiques auxquelles Lagrange participera ultérieurement. D'Alembert en traitera d'ailleurs abondamment dans plusieurs volumes de ses Opuscules mathématiques, qui, à partir de 1761, seront l'une de ses tribunes favorites pour tous les problèmes concernant les sciences exactes. La reproduction dans cette série de microéditions des 8 tomes de ces Opuscules (t. 1 et 2, 1761 ; t. 3, 1764 ; t. 4 et 5, 1768 ; t. 6, 1773 ; t. 7 et 8, 1780), jusqu'alors non réédités, facilitera la consultation de certains des travaux les plus importants de ce savant.

Enfin, le mémoire n° 8, un peu à l'écart de cet ensemble, constitue le témoin des premières recherches engagées par d'Alembert à partir de 1746 dans le domaine de l'astronomie et de la mécanique céleste. Il est à noter qu'entre décembre 1746 et septembre 1747 d'Alembert adressa à l'Académie de Berlin 4 autres mémoires concernant ces mêmes sujets, mais que, entré sur ce sujet en compétition avec Clairaut, il les reprit en juin 1748 afin de les inclure dans un important mémoire qu'il préparait pour le recueil de l'Académie de Paris : "Méthode générale pour déterminer les orbites et les mouvements de toutes les planètes en ayant égard à leur action mutuelle" (Histoire de l'Académie... (de Paris) pour 1745, Paris, 1749, Mémoires, p. 365-380).

Signalons à cette occasion qu'en même temps que les textes n° 6, 7 et 9, d'Alembert adressa à l'Académie de Berlin en juin 1752 deux autres mémoires dont la publication lui fut refusée :

1°. Le mémoire "Sur les logarithmes des quantités négatives" déjà mentionné, daté du 15 juin 1752.

2°. Un mémoire polémique intitulé "Observations sur quelques mémoires, imprimés dans le volume de 1749" daté du 16 juin 1752, qui sera publié pour la première fois dans le tome IV A, 5 des Opera omnia d'Euler.

Enfin les Archives centrales de l'Académie des sciences de la R.D.A. à Berlin conservent le manuscrit de deux autres travaux de d'Alembert, inédits sous cette forme :

1°. Le manuscrit latin de sa contribution au concours de prix de l'Académie de 1750 sur la résistance des fluides :"Theoria resistentiae quam patitur corpus in fluido motum, ex principiis omnino novis et simplicissimis deducta, habitâ ratione tum velocitatis, figurae et massae corporis moti, tum densitatis et compressionis partium fluidi". Ce texte n'ayant pas été retenu pour le prix, d'Alembert rendit Euler responsable de cet échec et décida de publier une version française de sa contribution qui sortit en volume en 1752 sous le titre d'Essai d'une nouvelle théorie de la résistence des fluides.

2°. Un mémoire polémique daté du 4 novembre 1755 : "Observations sur deux mémoires de Mrs Euler et Bernoulli insérés dans les Mémoires de 1753", dont la publication fut également écartée par l'Académie de Berlin.

R. TATON

II. TABLEAU DES TEXTES REPRODUITS

1. Recherches sur le calcul intégral, in Histoire de l'Académie de Berlin, 1746, Berlin, 1748, p. 182-224 : I. De l'intégration des fractions rationnelles (p. 182-200), II. Des différentielles qui se rapportent à la rectification de l'ellipse ou de l'hyperbole p. 202-224).

2. Recherches sur la courbe que forme une corde tendue mise en vibration , in H.A.B., 1747, Berlin, 1749, p. 214-219.

3. Suite des recherches sur la courbe que forme une corde tendue mise en vibration , in H.A.B., 1747, Berlin, 1749, p. 220-249.

4. Suite des recherches sur le calcul intégral, in H.A.B., 1748, Berlin, 1750, p. 249-291 : III. Des différentielles qui se rapportent à la quadrature des lignes du 3e ordre (p. 249-274), IV. Méthodes pour intégrer quelques équations différentielles (p. 274-291).

5. Extrait d'une lettre de Mr. d'Alembert à Mr. de Maupertuis, in H.A.B.,1749, Berlin, 1751, p. 372.

6. Addition au mémoire sur la courbe que forme une corde tendue, mise en vibration, in H.A.B., 1750, Berlin, 1752, p. 355-360.

7. Addition aux recherches sur le calcul intégral, in H.A.B., 1750, Berlin, 1752, p. 361-378.

8. Solution de quelques problèmes d'Astronomie, in H.A.B., 1747, Berlin, 1749, p. 144-153.

9. Errata aux mémoires publiés dans les volumes de 1746, 1747 et 1748, in H.A.B., 1750, Berlin, 1752, p. 413-416.

RECHERCHES
SUR LE CALCUL INTEGRAL
PAR MR. D'ALEMBERT.
PREMIERE PARTIE.
DE L'INTEGRATION DES FRACTIONS RATIONELLES.

POUR POUVOIR reduire géneralement à la quadrature de l'hyperbole ou à celle du cercle, une fraction rationnelle differentielle, suivant la methode de *M. Bernoulli* * il faut démontrer que tout multinome rationnel & sans diviseur composé d'une variable x & de constantes, peut toujours se partager, lorsqu'il est d'un degré pair, en facteurs trinomes $xx+fx+g$, $xx+hx+i$. &c. dont tous les coefficiens f, g, h, i, &c. soient réels. Il est visible que cette difficulté ne tombe que sur les multinomes qui ne peuvent etre divisés par aucuns binomes réels, $x+a$, $x+b$ &c. car on pourra toujours faire evanouïr par la division tous les Binomes réels, lorsqu'il y en aura, & l'on voit aisément que les produits de ces binomes donneront des facteurs réels $xx+fx+g$.

* Voyez les mem. de l'Acad. de Paris. an. 1702.

Mrs. COTTES, MOIVRE, HERMAN &c. & plusieurs autres n'ont resolu la difficulté dont il s'agit que pour les multinomes $x^{2m}+Ax^{m}+B$ composés de trois termes seulement. *M. Smith*, dans

dans le Commentaire qu'il a inseré à la fin de *l'Harmonia mensurarum*, la resolut aussi pour les multinomes du 4e degré seulement, & il tire sa démonstration de ce que la réduite de ce multinome consideré comme une Equation du 4e degré, a son dernier terme negatif. Personne, que je sache n'a été plus loin, si on en excepte *Mr. Euler*, qui dans le Tom. VII. des *Miscellanea Berolinensia*, fait mention d'un ouvrage, ou il a démontré en general la proposition dont il est question. Mais il me semble que *M. Euler* n'a encore rien publié de son travail sur ce sujet. Du moins je n'en ay trouvé aucune trace dans les ouvrages de ce celebre auteur. J'ai donc cru pouvoir exposer ici en peu de mots mes recherches sur cette matiére, d'autant plus qu'elles me fourniront l'occasion de demontrer chemin faisant plusieurs propositions, assez mal prouvées dans presque tous les livres d'algebre.

II. *Propos. I. Soit* TM *une courbe quelconque dont les coordonnées* $TP = z$, $PM = y$, *& dans laquelle* $y = 0$ *ou* ∞ *lorsque* $z = 0$. *Si on prend* z *positive ou negative, mais infiniment petite, la valeur de* y *en* z *pourra toujours être exprimée par une quantité réelle, lorsque* z *sera positive: &, lorsque* z *sera negative, par une quantite réelle, ou par une quantité* $p + q\sqrt{-1}$, *dans laquelle* p *&* q *seront l'un & l'autre réels.* Fig. 1. 2. 3.

Car lorsque z est infiniment petite, on peut avoir la valeur de y en z par cette serie trés convergente $y = az^{\frac{m}{n}} + bz^{\frac{r}{s}} + ez^{\frac{t}{u}}$ &c. dans laquelle les exposans de z sont imaginés aller en augmentant, & dont on peut toujours supposer que tous les termes sont réels en faisant z positive; car puisque la courbe passe par le point T ou qu'elle a une asymptote en ce point, (*hyp.*), il s'ensuit qu'on peut toujours

toujours ſuppoſer que les z poſitives tombent du côté de P où ſont les ordonnées réelles. 1° Or ſi tous les termes de cette ſerie demeurent poſitifs en faiſant z negative, la valeur de y, repondante à z poſitive ou negative, pourra etre exprimée ſimplement par $y = a z^{\frac{m}{n}}$, en negligeant tous les autres termes qui ſont nuls par rapport au 1er, & en ce cas il répondra une valeur réelle de y, tant à z negative, qu'à z poſitive. 2°. Si $z^{\frac{m}{n}}$ devient imaginaire en faiſant z negative, ce qui arrivera ſi n eſt un nombre pair, & m un nombre impair, alors l'ordonnée correſpondante à z negative ou poſitive pourra encore etre exprimée par $az^{\frac{m}{n}}$ qui ſera réelle, quand z ſera poſitive, & qui ſe changera pour z negative en $a\sqrt[2k]{-z}^{\,m} = a z^{\frac{m}{2k}} \times \sqrt[2k]{-1} = a\,(z^{\frac{m}{2}} \sqrt{-1})^{\frac{1}{k}}$. Or les Geometres ſavent * que toute quantité $\overline{B\sqrt{-1}}^{\,b}$ peut toujours ſe réduire à la forme $p + q\sqrt{-1}$, p & q etant réels. Donc l'ordonnée imaginaire répondante à z negative pourra etre exprimée dans ce cas par $p + q\sqrt{-1}$. 3°. Si quelques uns des termes de la ſerie demeurent réels en faiſant z negative, & que les autres deviennent imaginaires, on prendra $y = az^{\frac{m}{n}} + cz^{\frac{t}{n}}$, $az^{\frac{m}{n}}$ repreſentant tous les termes qui demeurent réels en faiſant z negative, & $cz^{\frac{t}{n}}$ ceux qui deviennent imaginaires. Or la valeur de $cz^{\frac{t}{n}}$ lorsque z eſt negative peut etre ſuppoſée $= e + f\sqrt{-1}$, (n. 2, preced.)

* Voyez l'art. 11. cy deſſous.

preced.) e & f etant réels. Donc lorsque z est negative, on $ay = az^{\frac{m}{n}} + e + f\sqrt{-1}$, c. a. d. $p + q\sqrt{-1}$. *Ce Q. F. D.*

(POUR NE laisser aucun scrupule sur cette demonstration, nous remarquerons 1°. que la valeur de y en z, lorsque z est infiniment petite, est une suite infiniment convergente, dont les termes commencent, au moins à une certaine distance du 1er terme, à ne contenir que des puissances positives de z, & sont par consequent infiniment petits. 2°. que si on substitue à la place de y sa valeur en z dans l'Equation de la courbe, plus la valeur substituée de y aura de termes, plus les puissances de z seront hautes dans les termes qui resteront apres avoir effacé ceux qui se detruisent, & qu'ainsi le resultat de la substitution approchera d'autant plus d'etre nul, qu'on prendra plus de termes pour la valeur de y. 3°. qu'il en sera de même si en faisant z negative dans l'Equation de la courbe, on y substituë la valeur de y repondante à z negative; car plus cette valeur substituée aura de termes, plus les puissances de z ou de $-z$ seront hautes dans les termes restans apres la substitution. Or si on cherche une quantité $A + B\sqrt{-1} = (-z)^{\frac{n}{2m}}$, on trouvera facilement, & on prouvera cy aprés art. II. que A & B sont des quantités réelles de l'ordre de $z^{\frac{n}{2m}}$. Donc si on substitue dans ces termes restans, à la place des puissances de $-z$, leurs valeurs $A + B\sqrt{-1}$, & qu'on partage le résultat en deux quantités separées, l'une toute réelle, l'autre multipliée par $\sqrt{-1}$, chacune de ces quantités sera d'autant plus petite, & approchera d'autant plus de zero, que l'on prendra plus de termes pour la valeur de y. Donc la serie infinie qui represente la valeur de y repondante à $-z$, en la vraye valeur de y, quoiqu'imagi-

 naire;

naire ; & il eſt viſible que $-z$ etant infiniment petite, non ſeulement on peut negliger tous les termes réels de la ſerie excepté un ſeul, mais qu'on peut auſſi en negliger tous les termes imaginaires excepté un ſeul. Car ſoit $(-z)^{\frac{n}{2m}} = A + B\sqrt{-1}$ & $(-z)^{\frac{n+p}{2m}} = a + b\sqrt{-1}$, a ſera infiniment petit par rapport à A & b par rapport à B. donc &c.

Au reste il eſt tres important d'obſerver à l'occaſion de cette démonſtration, que quand z eſt infiniment petite, il n'eſt pas toujours permis de ſuppoſer $y =$ à une ſeule puiſſance de z, pour déterminer la figure de la courbe a ſon origine. Car ſoit par exemple la courbe dont l'Equation eſt $y = z^2 + \sqrt{z^5}$; cette courbe doit avoir à ſon origine la forme repreſentée par la fig. 3, c'eſt a dire qu'elle doit avoir deux branches convexes du même côté de ſon axe, ſans aucunes autres branches réelles ; au lieu que ſi on ne prenoit que $y = z^2$ pour ſon Equation à l'origine, on trouveroit qu'elle reſſembleroit à la parabole ordinaire. Il eſt même quelquefois neceſſaire d'exprimer la valeur de y par 3 termes: par exemple ſoit $y = bz + z^2 \pm \sqrt{z^5}$, la courbe aura à ſon origine la forme qui eſt repreſentée dans la fig. 5, au lieu que ſi on negligeoit le terme z^2, on trouveroit qu'elle auroit à ſon origine la forme repreſentée fig. 6.)

III. Cor. I. Si on rapporte la courbe aux coordonnées AC, CT, je dis que l'ordonnée imaginaire, répondante à une abſciſſe AQ, infiniment peu plus grande que AC, pourra etre ſuppoſée $= p + q\sqrt{-1}$. Car en tranſportant l'axe TP en AC, on ne fait qu'augmenter de la quantité conſtante & réelle CT, toutes les ordonnées PM de la courbe, ſoit réelles, ſoit imaginaires. Or les ordon-

Fig. IV.

ordonnées imaginaires, qui répondent à TP negative & infin. petite, peuvent etre ſuppoſées $= p + q \sqrt{-1}$ (art. II.). Donc les ordonnées imaginaires répondantes à AQ ſont $= CT + p + q\sqrt{-1}$. Donc &c.

IV. Cor. II. Donc ſi on augmente l'abſciſſe AC d'une quantité finie CQ, au moins jusqu'à un certain terme, l'ordonnée correſpondante pourra etre ſuppoſée $= p + q \sqrt{-1}$. Car s'il n'y avoit aucune valeur finie de CQ, telle que $p + p \sqrt{-1}$ pût exprimer l'ordonnée correſpondante, cette ordonnée ne pourroit pas non plus etre exprimée par $p + q \sqrt{-1}$, CQ etant infiniment petite. Ce qui eſt contre le Cor. precedent. D'ailleurs il eſt viſible par les obſervations qui terminent l'art. 2, que la valeur de y en z etant infiniment convergente lorsque z eſt infiniment petite, on peut ſuppoſer à z une valeur finie, telle que la valeur correſpondante de y ſoit auſſi exprimée par une ſerie tres convergente ; & ſi on imagine que cette ſerie entiére compoſée d'une infinité de termes ſoit ſubſtituée dans l'Equation de la courbe à la place de y, le réſultat de la ſubſtitution ſera infiniment petit ou zero, ſoit dans le cas de z poſitive, ſoit dans le cas de z negative. Or dans le cas de z negative, la ſerie qui exprime la valeur de y eſt compoſée de termes dont chacun eſt $A + B \sqrt{-1}$, A & B marquant des quantités réelles. Par conſéquent la ſerie entiére peut être ſuppoſée $= p + q\sqrt{-1}$. Il y a donc une valeur finie de $-z$, à laquelle il répond une valeur de y, egale à $p + q \sqrt{-1}$.

V. Cor. III. Je dis maintenant que, quelle que ſoit la quantité finie CQ dont on augmente l'abſciſſe AC, l'ordonnée imaginaire correſpondante pourra toujours être ſuppoſée egale à $p + q\sqrt{-1}$. Car ſuppoſons pour un moment qu'on ne puiſſe pas donner une

 telle

telle valeur à l'ordonnée, & que CO ou α soit la plus grande valeur de CQ, qui donne l'ordonnée correspondante $= à\ p + q\ \sqrt{-1}$, c. à. d. que α ou CO soit la plus grande valeur de CQ qui donne p & q réels, il est evident (art. 2. 3. 4.) qu'en augmentant α d'une quantité infiniment petite, la valeur correspondante de p pourra etre supposée $t + i\ \sqrt{-1}$, & celle de $q = b + \delta\ \sqrt{-1}$, t, i, b, δ, etant réels. Car la valeur réelle de p & de q en α, & en general la valeur de p & de q en CQ, est exprimée par deux Equations, qu'on peut supposer etre celles de deux courbes, qui ont CQ pour abscisse commune, & pour ordonnées p & q, (on aura ces Equations en substituant d'abord $p + q\ \sqrt{-1}$ au lieu de y dans l'Equation de la courbe, & ensuite égalant separement à zero, la partie toute réelle de la transformée, & la partie dont les termes contiennent $\sqrt{-1}$. Aprés avoir divisé cette derniére par $\sqrt{-1}$, on aura deux Equations où les quantités CQ, p, q, se trouveront melées, même si on veut avec leurs differences, ce qui arrivera lorsque la courbe TM ne sera pas Geometrique; & on pourra par les methodes connües, changer ces Equations en deux autres, donc l'une contienne CQ, & p, l'autre CQ, & q, & de plus leurs differences, si cela est necessaire.) Donc en augmentant α d'une quantité infiniment petite, & par consequent aussi (art. 4.) d'une quantité finie, l'ordonnée correspondante pourra etre supposée $t + i\sqrt{-1} + (\mathfrak{b} + \delta\sqrt{-1}) . \sqrt{-1} = t - \delta + (i + \mathfrak{b})\ \sqrt{-1}$, c. à. d. qu'elle pourra etre representée par une quantité $e + f\ \sqrt{-1}$ dans laquelle e & f soient réels. Donc α n'est pas la plus petite valeur de CQ qui donne l'ordonnée correspondante $= à\ p + q\ \sqrt{-1}$; ce qui est contre l'hypothese. Donc &c.

VI. *Pro-*

VI. *Propos. II. Soit un multinome quelconque* $x^m + ax^{m-1} + bx^{m-2} \ldots\ldots + fx + g$, *tel qu'il n'y ait aucune quantité réelle qui etant substituée à la place de* x, *y fasse evanouir tous les termes, je dis qu'il y aura toujours une quantité* $p + q\sqrt{-1}$ *à substituer à la place de* x, *& qui rendra ce multinome egal à zero.*

Car 1°. on peut toujours changer le dernier terme g, sans toucher aux autres, en un terme tel, qu'il y aura une quantité réelle, à substituer à la place de x pour faire evanouïr tous les termes; en effet substituons dans le multinome, à la place de x, une quantité réelle b, & soit $h^m + ah^{m-1} + bh^{m-2} \ldots\ldots + fh = A$, il est evident que substituant b à la place de x dans $x^m + ax^{m-1} + bx^{m-2} \ldots\ldots + fx - A$, tout se detruira; or ce multinome ne differe du proposé que par son dernier terme.

2°. Soit tirée une droite BAD sur laquelle on prenne depuis le point A des parties AB & AD qui representent les termes — A & g, & imaginons qu'au point B on eleve perpendiculairement la ligne BO qui represente la quantité réelle b, & qu'à tous les points A, C, D, &c. on eleve des lignes, réelles ou imaginaires, qui representent les quantités réelles ou imaginaires dont la substitution à la place de x fait evanouïr tous les termes du multinome, en donnant successivement à son dernier terme toutes les valeurs possibles depuis — AB ou — A jusqu'à AC ou g; il est evident que les extremités O, Q, T. &c. des ordonnées réelles feront à une courbe OQTS, & que l'ordonnée imaginaire répondante à AD pourra toujours etre supposée $= p + q\sqrt{-1}$. (art. 5.) Donc &c. *C. Q. F. D.* *Fig.* VII.

VII. Co-

VII. COROLL. I. Donc le multinome proposé pourra etre divisé par $x-p-q\sqrt{-1}$. Car en faisant la division il est toujours possible de parvenir à un reste r dans lequel il n'y ait plus de x; & si on nomme Q le quotient, il est evident que $(x-p-q\sqrt{-1})\times Q+r$ sera egal & identique au multinome proposé. Donc substituant dans cette quantité $p+q\sqrt{-1}$ au lieu de x, le resultat doit etre $=o$. Donc $r=o$. Donc la division se fait sans reste.

VIII. COROLL. II. Le même multinome pourra aussi se diviser par $x-p+q\sqrt{-1}$. La difficulté se reduit à faire voir que si $p+q\sqrt{-1}$ substitué à la place de x fait evanouïr tous les termes du multinome, il en sera de même de $p-q\sqrt{-1}$. Pour le démontrer je remarque qu'en substituant $p+q\sqrt{-1}$ au lieu de x, & faisant le résultat $=o$, on a necessairement deux Equations, dont l'une est formée des termes tout réels, & l'autre des termes imaginaires qui contiennent $\sqrt{-1}$; que dans la partie formée de termes tout réels, il n'y a que des puissances paires de q; que dans la partie formée de termes imaginaires, il n'y a que des puissances impaires de q, & que cette partie ou Equation contient $q\sqrt{-1}$ à tous ses termes. Donc en la divisant par $q\sqrt{-1}$, elle ne contiendra plus que des puissances paires de q ainsi que l'autre. Donc chacune de ces Equations ne souffrira aucun changement, si on y substituë $-q$ pour q. Donc si $p+q\sqrt{-1}$ substitué à la place de x fait evanouir tous les termes du multinome, il en sera de même de $p-q\sqrt{-1}$.

IX. *Propos. III. Les mêmes choses etant supposées que dans l'art. 6. je-dis que le multinome pourra toujours se diviser en facteurs*

XX +

$xx + hx + i$, $xx + lx + m$, *&c. dont les coefficiens soient réels.*

Car puisque ce multinome peut se diviser par $x - p - q\sqrt{-1}$ & $x - p + q\sqrt{-1}$ (art. 7. & 8.) il pourra aussi se diviser par $xx - 2px + pp + qq$ qui est un facteur tout réel ; & faisant sur le quotient qui en proviendra les mêmes raisonnemens qu'on a faits, art. 6. 7. 8, sur le multinome, on prouvera de même qu'il peut aussi se diviser par un facteur trinome réel, & ainsi de suite. Donc &c. *Ce Q. f. D.*

REMARQUE Ire.

X. Il est à remarquer que dans les demonstrations precedentes, on n'a point supposé que la racine imaginaire de multinome, eût ou pût avoir une expression imaginaire, avant de la reduire à $p + q\sqrt{-1}$; & nos démonstrations n'en sont par là que plus generales. Mais on pourra toujours avoir les quantités réelles p & q au moins par une construction geometrique, puisque l'on a deux Equations qui renferment p & q.

D'ailleurs, sans s'embarasser si le multinome a des racines imaginaires, on peut se contenter de le diviser par $xx + hx + i$, & supposant le reste de la division egal à zero, on aura deux Equations en h & en i, qui auront toujours au moins plusieurs racines réelles.

REMARQUE II^de.

XI. Si on a l'expression imaginaire quelconque de la racine du multinome, ou en general d'une quantité quelconque, on pourra toujours trouver une quantité $p + q\sqrt{-1}$ à laquelle cette expres-

sion

sion soit égale, & assigner les quantités p & q, ou par la seule division des arcs de cercle en parties égales, ou par cette division & par les logarithmes & la quadrature du cercle, lorsqu'il se rencontrera dans l'expression donnée des exposans imaginaires. J'ai démontré cette proposition dans l'art. 79 de ma dissertation sur les vents, à l'occasion d'un Probleme pour la solution duquel elle m'etoit necessaire; j'y ai fait voir 1°. que $\frac{a+b\sqrt{-1}}{g+h\sqrt{-1}} = A + B\sqrt{-1}$, en prenant A & B réels, ce qui est evident puisque $\frac{a+b\sqrt{-1}}{g+h\sqrt{-1}} =$

$$\frac{(a+b\sqrt{-1}) \times (g-h\sqrt{-1})}{(g+h\sqrt{-1}) \times (g-h\sqrt{-1})} = \frac{ag+bh}{aa+hh} + \frac{bg-ah}{aa+hh}\sqrt{-1}$$

2°. que $(a+b\sqrt{-1})^{g+h\sqrt{-1}}$ etoit $= A + B\sqrt{-1}$, en prenant B & A pour les sinus & cosinus d'un angle dont le rayon est $\sqrt{(aa+bb)}^g \times c^{\frac{-h\int adb-bda}{2(aa+bb)}}$ & dont la valeur est h Log. $\sqrt{(aa+bb)} + g\int\frac{adb-bda}{aa+bb}$; où l'on remarquera que $\int\frac{adb-bda}{aa+bb}$ est l'angle dont la tangente est $\frac{b}{a}$. 3°. Par ces deux Propositions il est facile de réduire toute quantité imaginaire à $A + B\sqrt{-1}$, en faisant evanouïr successivement toutes les expressions imaginaires qu'elle renfermera, excepté une seule; qui doit même s'evanouïr si l'expression proposée, qui renferme des imaginaires, marque cependant une quantité réelle, comme dans le cas irreductible du 3e. degré.

Ainsi

Ainsi par exemple on peut reduire $\sqrt[2p]{-Q}$ à $A+B\sqrt{-1}$, en faisant $\sqrt[2p]{-Q} = Q^{\frac{1}{2p}} \times \sqrt[2p]{-1} = (Q^{\frac{1}{2}}\sqrt{-1})^{\frac{1}{p}}$; & on verra (N. 2. art. pref.) que B & A sont les sinus & cosinus d'un angle dont le rayon $= \sqrt{Q}^{\frac{1}{p}}$ & qui est à l'angle droit, ou à 5 angles droits, ou à 9, ou à 13 &c. comme $\frac{1}{p}$ est à 1.

On voit aussi que $(a+b\sqrt{-1})^g$ peut etre supposé egal à $A+B\sqrt{-1}$, en prenant B & A pour les sinus & cosinus d'un angle dont le rayon $=(aa+bb)^{\frac{1}{2g}}$ & qui soit à l'angle dont b & a sont les sinus & cosinus, comme g est à 1. Donc si $g = \frac{1}{d}$, d etant un nombre entier quelconque, il y aura un nombre d de quantités telles que $A+B\sqrt{-1}$, qui etant elevées à la puissance d, rendront $a+b\sqrt{-1}$.

De là on peut conclure en passant, que si les sinus & cosinus b & a, & le nombre d sont tels, que l'angle puisse se diviser géometriquement en d parties égales, on pourra toujours assigner l'expression analytique de A & de B. Donc 1°. si $d = 2^n$, n etant un nombre entier positif, on pourra assigner la valeur analytique de A & de B. 2°. comme on peut inscrire dans le cercle un Polygone de $2^n.3$, $2^n.5$, & $2^n.15$ côtés, il s'ensuit qu'on pourra toujours assigner la valeur analytique $A + B\sqrt{-1}$ de $(a + b\sqrt{-1})^{\frac{1}{5}}$ si a & b sont les cosinus & sinus d'un angle $= \frac{k \cdot 360°}{2^n \cdot 5}$, ou $\frac{k \cdot 360°}{2^n}$, k etant un nombre entier positif aussi bien que n; il en sera de même de $(a + b\sqrt{-1})^{\frac{1}{3}}$, si b & a sont les sinus & cosinus d'un angle $= \frac{k \cdot 360°}{2^n}$ ou $\frac{k \cdot 360°}{2^n \cdot 3}$; enfin il en sera de même aussi de $(a + b\sqrt{-1})^{\frac{1}{15}}$, si b & a sont les sinus & cosinus d'un angle $= \frac{k \cdot 360°}{2^n}$.

Ainsi il est visible que l'expression $(\frac{1}{2}q + \sqrt{[\frac{1}{27}p^3 - \frac{1}{4}qq]}\sqrt{-1})^{\frac{1}{3}} + (\frac{1}{2}q - \sqrt{[\frac{1}{27}p^3 - \frac{1}{4}qq]}\sqrt{-1})^{\frac{1}{3}}$ qui represente la racine d'une equation du 3e degré $x^3 - px + q = 0$, sera reductible à une expression algebrique réelle, toutes les fois que $\sqrt{[\frac{1}{27}p^3 - \frac{1}{4}qq]}$ sera à $\frac{1}{2}q$ comme le sinus d'un angle $= \frac{k \cdot 360°}{2^n}$ ou $\frac{k \cdot 360°}{2^n \cdot 5}$ est au cosinus de ce même angle; car soit $(a + b\sqrt{-1})^{\frac{1}{3}} + (a - b\sqrt{-1})^{\frac{1}{3}}$ l'expression de la racine; la premiére partie etant reduite à l'expression algebrique $A + B\sqrt{-1}$, la 2de se reduira à l'expression algebrique $A - B\sqrt{-1}$, & leur somme $2A$ sera toute réelle.

DONC

Donc on aura l'expreſſion algebrique réelle de toutes les racines d'une Equation du 3e degré $x^3 - px + q = o$, dans laquelle $\frac{1}{27} p^3$ ſera à $\frac{1}{4} qq$ comme le quarré du ſinus total eſt au quarré du coſinus d'un angle $= \frac{k.360^\circ}{2^n}$ ou $\frac{k.360^\circ}{2^n.5}$; & s'il ſe trouvoit quelques cas, où p & q etant rationels, les racines fuſſent irrationelles, on auroit alors la reſolution de quelques équations, appartenantes réellement au cas irreductible du 3e degré, ce que je laiſſe à examiner à d'autres. Quoiqu'il en ſoit il eſt certain que la methode, que je propoſe icy, donnera la reſolution de pluſieurs Equations cubiques dont il pourroit etre fort difficile de trouver les racines par les methodes ordinaires.

IV. Si on a une quantité ſous le ſigne $\int$, compoſée de tant de variables qu'on voudra, réelles ou imaginaires, elevées à des puiſſances réelles ou imaginaires, on pourra toujours ſuppoſer cette quantité égale à $p + q\sqrt{-1}$, quoiqu'il ſoit ſouvent impoſſible de determiner la valeur analytique de p & de q. Car la quantité qui eſt ſous le ſigne $\int$ étant une differentielle, on pourra toujours la diviſer en deux parties ou facteurs, l'un infiniment petit qu'on reduira a $dx + dy\sqrt{-1}$, l'autre fini qu'on reduira à $r + s\sqrt{-1}$, & leur produit pourra etre ſuppoſé $= dp + dq\sqrt{-1}$; dont l'integrale eſt $p + q\sqrt{-1}$.

V. Donc une fonction quelconque de tant & de telles grandeurs imaginaires qu'on voudra, peut toujours etre ſuppoſée égale à $p + q\sqrt{-1}$; p & q etant des quantités réelles.

USAGE DES PROPOSITIONS PRECEDENTES.

XII. Il est facile de voir maintenant que toute fraction rationnelle differentielle, peut toujours se reduire à la quadrature d'une des sections coniques. Donc toutes les differentielles affectées de radicaux, qu'on peut reduire par transformation à des fractions rationnelles, sont intégrables par-la quadrature de quelque section conique. Or cette transformation est possible dans toutes les differentielles suivantes.

I°. Dans celles qui renferment tant de puissances $x^{\frac{\delta}{\lambda}}$, $x^{\frac{m}{n}}$ &c. qu'on voudra, sans aucun autre radical. Car reduisant tous les exposans fractionnaires au même denominateur q, on fera $x^{\frac{1}{q}} = u$, & par consequent $x = u^{q}$; & cette transformation fera disparoitre tous les radicaux.

II°. Si la proposée contenoit $\left(\frac{a+bx}{c+gx}\right)^{\frac{\delta}{\lambda}}$, $\left(\frac{a+bx}{c+gx}\right)^{\frac{m}{n}}$, &c. sans autres radicaux, on la reduiroit au cas precedent en faisant $\frac{a+bx}{c+gx} = z$.

III°. Si la proposée ne contient point d'autre radical que $(a+bx+cxx)^{\frac{m}{2}}$, m etant un nombre impair, on pourra la reduire en fraction rationnelle. Car il sera toujours possible de chan-

changer le radical en $\sqrt{\frac{a}{c}+\frac{bx}{c}\pm xx}$. Or il y a plusieurs moyens connus de faire evanouir ce radical par une transformation. Car si on a $+xx$, il n'y aura qu'à supposer le radical $= x+z$, ce qui donnera $x=\frac{czz-a}{b-2cz}$; & s'il y a $-xx$, on supposera $\sqrt{(\frac{a}{c}+\frac{bx}{c}-xx)} = \sqrt{(f+x)}\times\sqrt{(g-x)}$ ou $\sqrt{(-f+x)}\times\sqrt{(g-x)}$; & on fera en suite le radical egal à $(g-x).z$; d'où l'on tirera $\pm f+x=(g-x).zz$; & par consequent $x=\frac{gzz\mp f}{zz+1}$.

IV°. S'il y a dans la proposée $(a+bx)^{\frac{n}{2}}$ & $(c+fx)^{\frac{m}{2}}$ sans autres radicaux, m & n etant des nombres impairs, on la reduira à la precedente en faisant $c+fx=zz$.

V°. Si la proposée a pour numerateur $X.(a+bx)^{\frac{n}{2}}$ & pour denominateur $X'.(f+gx)^{\frac{m}{2}}+X''(c+bx)^{\frac{r}{2}}$ (X, X', X'', designant des fonctions rationnelles quelconques de x) on la reduira à celle du n. 3. en multipliant le haut & le bas par $X'.(f+gx)^{\frac{m}{2}}-X''(c+bx)^{\frac{r}{2}}$.

VI°. Si la proposée a pour numerateur une fonction rationnelle de x, & pour denominateur $X+X'(a+bx)^{\frac{n}{2}}+X''(f+gx)^{\frac{m}{2}}$ on la reduira à la precedente en multipliant le haut & le bas par $X+X'(a+bx)^{\frac{n}{2}}-X''(f+gx)^{\frac{m}{2}}$.

VII. SI LA PROPOSÉE a pour denominateur $X(c+fx+gxx)^{\frac{m}{2}} + X'(a+bx+cxx)^{\frac{n}{2}}$ on la reduira à celle du N. 3. en multipliant le haut & le bas par $X(c+fx+gxx)^{\frac{m}{2}} - X'(a+bx+cxx)^{\frac{n}{2}}$.

VIII. Si la proposée contient $\sqrt[m]{(a+b\sqrt[n]{(c+e\sqrt[i]{(f+\&c.\left(\frac{g+hx}{l+mx}\right)^{\frac{1}{\delta}})})})}$ δ etant un nombre entier positif ou negatif, *a*, *b*, *c* &c. des constantes, & *m*, *n*, *i*, &c. des nombres entiers positifs ou negatifs, on pourra faire disparoitre tous les radicaux l'un apres l'autre, en supposant la quantité $\sqrt[m]{(a+b\sqrt[n]{(c+}}$ &c. egale à une quantité simple *z*, ce qui donnera une valeur rationnelle de *x* en *z*, par le moyen de laquelle la differentielle donnée pourra etre changée en fraction rationnelle.

REMARQUE III.

XIII. QUAND LE denominateur de la fraction est reduit en diviseurs simples ou trinomes, il n'y a plus de difficulté à determiner les coefficiens des numerateurs des fractions partielles, dans lesquelles on suppose suivant la methode de M. *Bernoulli*, que la proposée est partagée. M. *Maclaurin* a donné pour cela des methodes fort élegantes dans son *Traité des fluxions* art. 778 & suiv. Il y examine tous les cas, ceux même qui pourroient souffrir quelque difficulté dans la methode de M. *Bernoulli*, telle qu'elle est exposée p. 282.

p.282 des Mem. de l'Acad. de Paris de 1702, c'est à dire ceux où le denominateur a des racines egales.

REMARQUE IV.

XIV. On pourroit integrer les fractions rationnelles par une autre methode, qui sans etre plus difficile dans la pratique que celle de M. *Bernoulli*, seroit peut etre en même tems plus directe, & egalement facile soit pour le cas où le denominateur a des racines egales, soit pour le cas où les racines sont inegales. Cette methode consiste à diviser d'abord le denominateur en tous ses facteurs simples réels ou imaginaires, $x+a$, $x+b$ &c. on supposera ensuite $x+a=y$, & $y=u^{-1}$, & parce moyen on changera la proposée en deux autres differentielles qui se trouveront avoir chacune un degré de moins que la proposée à leur denominateur, quand toutes les racines seront inegales; & quelque fois au lieu de deux differentielles, on n'en aura qu'une seule: faisant ensuite sur chacune des deux differentielles transformées, une operation semblable, on les abbaissera de même d'un degré; & par là on prouvera facilement 1°. que la proposée est integrable par logarithmes. 2°. qu'elle est reductible en autant de fractions differentielles logarithmiques simples, qu'il y a de racines au denominateur; & s'il y a des racines egales dans le denominateur on trouvera facilement qu'il y a toujours alors quelque partie integrable dans la proposée. Ainsi $\frac{fxdx+gdx}{(x+a).(x+b)}$ se change en $\frac{fdy}{y-a+b}+\frac{(fa-g)\,du}{1-au+bu}$; de même $\frac{gdx}{(x+a)^2.(x+b)}$ se change en $\frac{-gu\,du}{1-au+bu}$ dont il y a une partie integrable; &

ces

ces deux exemples simples me paroissent suffire pour donner une idée de la methode dont il s'agit.

Voilà ce que j'avois à dire icy sur les fractions differentielles rationnelles, & qu'on peut regarder comme la suite & le supplement du travail de Mrs. *Bernoulli*, *Cottes*, *Maclaurin* &c. & de tous les autres Geometres qui ont jusqu'à present examiné cette matiére.

SECONDE PARTIE.

DES DIFFERENTIELLES QUI SE RAPPORTENT À LA RECTIFICATION DE L'ELLIPSE OU DE L'HYPERBOLE.

M. MACLAURIN est le premier, que je sache, qui dans son *Traité des fluxions* ait donné quelques recherches sur les differentielles reductibles à la rectification de l'Ellipse ou de l'Hyperbole, je me propose de continuer icy ces mêmes recherches, & de les pousser plus loin. Mais comme mon travail suppose le sien je crois que pour donner plus de clarté à ce que je diray dans la suite, je dois commencer par exposer en peu de mots, de quelle maniére on peut reduire à la rectification de ces courbes, les differentielles dont ce Geometre a parlé, & dont, à proprement parler, il n'a pas même donné l'Analyse.

XV. LEMME Ier. Soit $\frac{dx\sqrt{(aa + \frac{p-2a}{2a}xx)}}{\sqrt{(aa - xx)}}$ l'Element d'une Ellipse dont $2a$ est un des axes, p, le parametre de cet axe, les abscisses x etant prises depuis le centre : si l'on fait $\frac{p}{2a} = qq$

$aa + (q-1)\,xx = az$; cette differentielle se changera en $\frac{dz\sqrt{az}}{\sqrt{((qa+a)z - zz - qaa)}}$. d'où l'on voit qu'en general $\frac{dz\sqrt{z}}{\sqrt{(fz - zz - gg)}}$ dépend de la rectification d'une Ellipse dont g est un des demi-axes, & dont l'autre demi-axe, que j'appelle r, doit etre tel que $fr - rr = gg$, d'où il s'ensuit que les deux axes de l'Ellipse en question doivent etre g & $\frac{f}{2} \pm \sqrt{(\frac{ff}{4} - gg)}$, & que les abscisses x prises depuis le centre doivent etre telles que $rz = rr + \left(\frac{gg}{rr} - 1\right).\,xx$.

XVI. Remarque. On doit observer 1°. que si ff etoit $< 4gg$ la valeur de r feroit imaginaire, & qu'ainsi l'Ellipse feroit imaginaire aussi: mais il faut prendre garde qu'alors $\sqrt{fz - zz - gg}$ ou $\sqrt{\frac{f^2}{4} - gg - \left(\frac{f}{2} - z\right)^2}$ feroit imaginaire, & que par consequent la differentielle proposée feroit imaginaire, & sans integrale réelle. 2°. Comme $\sqrt{\left(\frac{ff}{4} - gg - \left(\frac{f}{2} - z\right)^2\right)}$ doit toujours etre réelle, il s'ensuit que $\sqrt{\left(\left(\frac{f}{2} - r\right)^2 - \left(\frac{f}{2} - z\right)^2\right)}$ ou $\sqrt{\left(r - \frac{f}{2}\right)^2 - \left(z - \frac{f}{2}\right)^2}$ doit etre réelle. Donc si $r < \frac{f}{2}$. c. à. d. si $\frac{gg}{rr} - 1$ est une quantité positive, on aura $z > r$, & la valeur $\frac{zz-rr}{\frac{gg}{rr}-1}$ de xx sera positive, donc x sera réelle; & si on a $r > \frac{f}{2}$; on aura $\frac{gg}{rr} > 1$ & $z < r$. d'où l'on voit que la valeur de x sera encore réelle. 3°. Comme on est libre de prendre pour r l'une ou l'autre des deux valeurs $\frac{f}{2} + V(\frac{ff}{4} - gg)$ ou $\frac{f}{2} - V(\frac{ff}{4} - gg)$, on pourroit croire d'abord, qu'il seroit possible de reduire la differentielle proposée à la rectification de deux Ellipses differentes, & qu'ainsi on pourroit trouver un arc d'Ellipse égal à un arc d'une autre Ellipse. Mais en y faisant attention, on s'appercevra aisement que ces deux Ellipses sont semblables, quoiqu'elles ayent un axe commun g; & que g est le grand axe de l'une & le petit axe de l'autre. En effet $\frac{f}{2} + V\left(\frac{ff}{4} - gg\right) : g = g : \frac{f}{2} - V\left(\frac{ff}{4} - gg\right)$.

XVII. Lemme II. Soit $\frac{dx V\left(\frac{p+2a}{2a} xx - aa\right)}{V.(xx-aa)}$, l'Element d'une hyperbole dont $2a$ est le premier axe, & p son parametre, les abscisses x etant prises depuis le centre; si on fait $\frac{p}{2a} = q$ & $(q+1)\, xx - aa = az$, on changera cette differentielle en $\frac{dz\, Vaz}{V(zz + \overline{a - qa}\,.\, z - qaa)}$. D'où l'on voit que

$dzVz$

$\frac{dz\sqrt{z}}{\sqrt{2z - gg \pm fz}}$ dépend de la rectification d'une hyperbole dont le second axe $= 2g$, dont le premier axe $2r$ est tel que $rr - gg = \pm fr$, & dont les abscisses x prises depuis le centre sont egales à $\pm \sqrt{\frac{aa + az}{\frac{gg}{rr} + 1}}$.

XVIII. Corol. Donc $\frac{dz\sqrt{z}}{\sqrt{2z - gg}}$ se rapporte à la rectification d'une hyperbole equilatere dont $2z$ est l'axe.

XIX. Remarque. Si l'on vouloit transformer par une methode semblable à celle de l'art. 17 l'Element $dx\sqrt{\frac{\left(\frac{\pi + 2b}{2b}xx + bb\right)}{\sqrt{(xx + bb)}}}$ de l'hyperbole, rapportée à son second axe $2b$, on trouveroit la même transformée que cy-dessus. Ainsi on n'auroit par ce moyen aucune nouvelle differentielle réductible à la rectification de l'hyperbole.

XX. Probl. I. *Trouver l'integrale de* $\frac{dz\sqrt{z}}{\sqrt{(bb \pm fz - zz)}}$.

Si on fait $z = \frac{bb}{u}$, on aura la transformée $\frac{-bbdu}{u\sqrt{u}.\sqrt{(uu \pm fu - bb)}}$, dont l'integrale est $= 2\frac{\sqrt{(uu \pm fu - bb)}}{\sqrt{u}} + \int\frac{du\sqrt{u}}{\sqrt{(uu \pm fu - bb)}}$. Or cette derniére quantité qui est sous le signe $\int$ est réductible (art. 17.) à la rectification de l'hyperbole. Donc la differentielle proposée y est réductible aussi ; & l'hyperbole dont il s'agit aura pour demi-axes b & $\pm\frac{f}{2}+\sqrt{\left(\frac{ff}{4}+bb\right)}$.

 XXI.

XXI. PROBL. II. *Trouver l'intégrale de* $\frac{dz}{\sqrt{z}.\sqrt{(b^2 \pm fz - zz)}}$.

On transformera cette differentielle en $\frac{dz}{\sqrt{z}.\sqrt{(a-z).(m+z)}}$, ce qui est toujours possible puisque $b^2 \pm fz - zz$ a deux racines réelles : Puis on supposera la transformée $=$ $\frac{dz}{m\sqrt{z}} \times \left(\frac{m+z}{\sqrt{(a-z).(m+z)}} - \frac{z}{\sqrt{(a-z).(m+z)}}\right)$ ou $\frac{dz\sqrt{(m+z)}}{m\sqrt{z}.\sqrt{(a-z)}} - \frac{dz\sqrt{z}}{m\sqrt{(a-z).(m+z)}}$. La seconde de ces deux differentielles s'integre (art. 20.) par la rectification de l'hyperbole, puis qu'elle se change en $\frac{-dz\sqrt{z}}{m\sqrt{bb+fz-zz}}$. à l'egard de la 1ere on fera $m+z = u$, & elle se changera en $\frac{du\sqrt{u}}{m\sqrt{(a+2m)u - uu - m(a+m)}}$ qui se rapporte (art. 15.) à la rectification de l'Ellipse. Donc la proposée dépend à la fois de la rectification de l'ellipse & de celle de l'hyperbole. Si on fait $\frac{f^2}{4} + bb = AA$, on trouvera que les demi-axes de l'hyperbole sont b & $\pm\frac{f}{2} + A$, & que ceux de l'Ellipse sont $\sqrt{2A.\left(A \pm \frac{f}{2}\right)}$ & $2A$.

Les differentielles dont on a parlé dans les art. precedens, sont, de toutes celles qui contiennent un radical de trois termes, les seules que M. Mac-laurin *ait reduites à la rectification de l'Ellipse*

lipse ou de l'Hyperbole. Encôre n'a-t-il employé pour cette reduction qu'une espece de synthese, comme nous l'avons déja dit, sans montrer la route qu'il a suivie pour y parvenir.

XXII. PROBL. III. *Trouver l'intégrale de* $\frac{dz}{\sqrt{z}.\sqrt{(zz-bb\pm fz)}}$.

Soit $z=\frac{bb}{u}$, la proposée se transformera en $\frac{-du}{\sqrt{u}.\sqrt{(bb\pm fu-uu)}}$ qui s'integre par l'art. 20. & qui dépend de la rectification des mêmes Ellipse & Hyperbole que la precedente.

XXIII. PPOBL. IV. *Trouver l'intégrale de* $\frac{dz}{\sqrt{z}.\sqrt{(zz+bb\pm fz)}}$.

Ier. Cas. Si $zz+bb+fz$ a deux racines réelles, elles seront ou $z+m$ & $z+n$ ou $z-m$ & $z-n$; & on peut toujours supposer $n>m$. Soit $x\pm m=u$; la proposée se changera en $\frac{du}{\sqrt{u}.\sqrt{(u\mp m)}.(u\mp m\pm n)}$. Or comme n (*hyp.*) est $>m$, il s'ensuit que la transformée peut etre representée par $\frac{du}{\sqrt{u}.\sqrt{(uu\pm ku-qq)}}$ & qu'ainsi elle s'integrera par l'art. 22.

Si au lieu de supposer que les racines sont $z-m$ & $z-n$, on suppose qu'elles soient $m-z$ & $n-z$, comme on doit le supposer quand z est $<m$ & $<n$, (n etant toujours plus grand que m) on fera en ce cas $m-z=t$, & la transformée sera $\frac{-dt}{\sqrt{t}.\sqrt{(m-t)}\ (n-m+t)}$ qui se réduit à la differentielle de l'art. 21.

SECOND

SECOND CAS. Si les racines de $zz+fz\pm bb$ sont imaginaires, on commencera par faire evanouir le 2^{d}. terme en faisant $z\pm\frac{f}{2}=u$, pour avoir la transformée $\frac{du}{\sqrt{(u\mp\frac{f}{2})}.\sqrt{(uu+aa)}}$.

on supposera ensuite $u+\sqrt{(uu+aa)}=t$ ce qui donne $u=\frac{tt-aa}{2t}$ & la nouvelle transformée sera $\frac{dt\sqrt{2}}{\sqrt{t}.\sqrt{(tt-aa\pm ft)}}$ qui s'integre par le Probl. 3. art. 22.

Si z est $<\frac{f}{2}$ en sorte qu'au lieu de $z-\frac{f}{2}=u$, il faille faire $\frac{f}{2}-z=u$, alors on aura pour transformée $\frac{-du}{\sqrt{\left(\frac{f}{2}-u\right)}\sqrt{(uu+aa)}}$; & faisant $\sqrt{(uu+aa)}-u=t$, on aura $\frac{aa-tt}{2t}=u$; & la transformée sera $\frac{dt\sqrt{2}}{\sqrt{t}.\sqrt{(tt-aa+ft)}}$ qui s'integre par le probl. 3. art. 22.

XXIV. COROLL. On trouvera donc que si $zz+fz+bb$ a ses racines réelles, la differentielle proposée dépend d'une hyperbole dont les demi-axes sont $\sqrt{(fA-2AA)}$ & $2A$, en supposant $\frac{f^2}{4}-bb=AA$, & d'une Ellipse dont les demi-axes sont $\sqrt{\left(A+\frac{f}{2}\right)\times\left(\frac{f}{2}-A\right)}=b$ & $A+\frac{f}{2}$.

Si

Si $zz \mp fz + bb$ a ses racines réelles, l'hyperbole aura pour demi-axes $\sqrt{(fA - 2AA)}$ & $\frac{f}{2} - A$, & l'Ellipse aura pour demi-axes $\sqrt{(2AA + Af)}$ & $A + \frac{f}{2}$.

Enfin si $zz \pm fz + bb$ a ses racines imaginaires, l'hyperbole aura pour demi-axes $\mp \frac{f}{2} + b$ & A, & l'Ellipse aura pour demi-axes $2b$ & $\sqrt{(2bb \pm bf)}$, en supposant $\frac{f^2}{4} - bb = -AA$.

XXV. PROBL. V. *Trouver l'intégrale de* $\frac{dz}{\sqrt{z}.\sqrt{(fz-bb-zz)}}$. On remarquera d'abord que la quantité radicale $\sqrt{(fz - bb - zz)}$ $= \sqrt{\left(\frac{f^2}{4} - bb - \left(\frac{f}{2} - z\right)^2\right)}$. D'où l'on voit que cette quantité & par conséquent aussi la differentielle proposée, seroient imaginaires si $\frac{f^2}{4}$ etoit $< bb$. Donc pour que le Probleme soit possible, il faut que $fz - bb - zz$ ait necessairement deux racines réelles, qu'on pourra supposer $a - z$ & $z - c$; & faisant $a - z = u$, on aura pour transformée $\frac{-du}{\sqrt{u}.\sqrt{(a-u)}.\sqrt{(a-u-c)}}$. Or a doit toujours être supposé $> c$. En effet $a - z$ & $z - c$ doivent toujours être supposés chacun positifs; car si l'un des deux etoit negatif, la differentielle seroit imaginaire, contre l'hypothese, & s'ils etoient tous deux negatifs, il faudroit les changer en $z - a$ & $c - z$, qui reviennent au même que $z - c$ & $a - z$, & qui n'en different que par le changement des lettres. Donc $a > z > c$ donc $a > c$.

$u > c$. Donc la transformée pourra être supposée egale à $\frac{-du}{\sqrt{u}\,.\,\sqrt{(gg+ku+uu)}}$ qui s'intégre par l'art. 23. ou 24.

PROBL. VI. *Trouver l'intégrale de* $\frac{dz\sqrt{z}}{\sqrt{zz+bb\pm fz}}$,

Ier. Cas. Si $zz\pm fz+bb$ a ses deux racines reelles, elles seront necessairement ou $z+a$ & $z+c$ ou $z-a$ & $z-c$ ou $a-z$ & $c-z$. Cela posé on commencera par mettre la differentielle donnée sous cette forme $\frac{zdz}{\sqrt{z}\,.\,\sqrt{(z\pm a)\,.\,(z\pm c)}}$; puis faisant $z+a=y$, en prenant $c>a$, on aura la transformée $\frac{dy\sqrt{y}}{\sqrt{(y\mp a)\,.\,(y\mp a\pm c)}}\mp\frac{ady}{\sqrt{y}\,.\,(y\mp a)\,.\,(y\mp a\pm c)}$. Or comme $c>a$ (*hyp.*); il s'ensuit que la proposée se reduit à deux differentielles de cette forme $\frac{dy\sqrt{y}}{\sqrt{(yy\pm ny-mm)}}$ & $\frac{dy}{\sqrt{y}\,.\,\sqrt{(yy\pm ny-mm)}}$, dont la premiére s'intégre part l'art. 17, la 2de par l'art. 22.

Si les racines etoient $a-z$ & $c-z$, & qu'on eût par consequent $c>a$, alors faisant $a-z=u$, on auroit pour transformée $\frac{du\sqrt{u}}{\sqrt{(a-u)\,(c-a+u)}}-\frac{adu}{\sqrt{u}\,.\,\sqrt{(a-u)\,.\,(c-a+u)}}$ dont la Iere partie s'intégre par l'art. 20, la seconde par l'art. 21.

SECOND CAS. Si $zz+fz-bb$ a ses deux racines imaginaires on fera $z+\frac{f}{2}=u$ pour avoir la transformée

du

$\frac{du\,V\left(u\mp\frac{f}{2}\right)}{V\left(uu+aa\right)}$ ou $\frac{udu\mp\frac{f}{2}du}{V\left(u\mp\frac{f}{2}\right).\,V(uu+aa)}$. On supposera ensuite $u+V(uu+aa)=y$ & l'on aura la transformée $\frac{dy\,Vy}{V2.\,V(yy-aa\mp fy)}-\frac{aady}{V2.\,yVy.\,V(yy-aa\mp fy)}$ $\mp\frac{fdy}{V2.\,Vy.\,V(yy-aa\mp fy)}$, dont la premiére partie s'integre par l'art. 17. la 2de par l'art. 20, la 3° par l'art. 22.

Si z est $<\frac{f}{2}$, en sorte qu'il faille supposer $\frac{f}{2}-z=u$, on aura la transformée $\frac{-\frac{f}{2}du+udu}{V\left(\frac{f}{2}-u\right).\,V(uu+aa)}$. On supposera $V(uu+aa)-u=t$; ce qui donne $u=\frac{aa-tt}{2t}$, & la transformée se changera en $\frac{dt\,Vt}{V2.\,V(tt+aa+ft)}-\frac{aadt}{V2.\,tVt.\,V(tt-aa+ft)}-\frac{fdt}{V2t.\,V(tt-aa+ft)}$ qui s'integre par les art. 17. 20. & 22.

XXVII. Coroll. Il est evident par les deux propositions precedentes, 1°. que $\frac{dz}{Vz.\,V(fz-bb-zz)}$, dépend de la rectification d'une hyperbole dont les demi-axes sont 2 A ou

$2\sqrt{(\frac{f^2}{4} - bb)}$ & $\sqrt{(fA - 2AA)}$ & de celle d'une Ellipſe qui a pour demi-axes b & $\frac{f}{2} + A$. 2°. Que $\frac{dz\sqrt{z}}{\sqrt{(zz + fz + bb)}}$, lorsque les racines du denominateur ſont réelles, dépend d'une hyperbole dont les demi-axes ſont $\sqrt{(fA - 2AA)}$ & $2A$, & d'une Ellipſe dont les demi-axes ſont b & $A + \frac{f}{2}$.

3°. Que $\frac{dz\sqrt{z}}{\sqrt{(zz - fz + bb)}}$, lorsque les racines du denominateur ſont réelles, dépend d'une hyperbole dont les demi-axes ſont $\sqrt{(fA - 2AA)}$ & $\frac{f}{2} - A$ & d'une Ellipſe dont les demi-axes ſont $\sqrt{(2AA + fA)}$ & $A + \frac{f}{2}$. 4°. Que $\frac{dz\sqrt{z}}{\sqrt{(zz \pm fz + bb)}}$ dans le cas où les racines ſont imaginaires, dépend des mêmes Ellipſe & hyperbole que $\frac{dz}{\sqrt{z}.\sqrt{(zz + fz + bb)}}$ dans la même hypotheſe, excepté la differentielle $\frac{dz\sqrt{z}}{\sqrt{(zz - fz + ff)}}$ qui dépend de l'Ellipſe ſeule.

XXVIII. Coroll. general. Donc la differentielle $\frac{z^{\pm\frac{1}{2}}dz}{\sqrt{(a + bz + czz)}}$, a, b, c, etant quelconques, poſitifs ou negatifs, depend toujours de la rectification d'une ou de pluſieurs ſections coniques. Ce qu'on peut déduire aiſement des propoſitions precedentes.

XXIX. Probl.

XXIX. PROBL. 7. *Trouver l'integrale de* $\frac{x^{\pm\frac{n}{2}}dx}{\sqrt{(a+bx+cxx)}}$, n etant un nombre entier impair, & a, b, c, des coefficiens quelconques.

1°. Si on prend la difference de $x^p.(a+bx+cxx)^{\frac{1}{2}}$, on trouvera qu'elle est egale à $\frac{px^{p-1}a+\left(\frac{b}{2}+bp\right)x^p dx+(c+cp)x^{p+1}dx}{\sqrt{(a+bx+cxx)}}$, d'où l'on voit qu'en general l'integration de $\frac{x^{-q-\frac{1}{2}}dx}{\sqrt{(a+bx+cxx)}}$ dépend de celle de $\frac{x^{-q+\frac{1}{2}}dx}{\sqrt{(a+bx+cxx)}}$, & de celle de $\frac{x^{-q+\frac{3}{2}}dx}{\sqrt{(a+bx+cxx)}}$ tant que q n'est pas $=+1$.

DONC TOUTES les differentielles $\frac{dx}{x^q\sqrt{x}}\times\frac{1}{\sqrt{(a+bx+cxx)}}$, q etant un nombre entier positif, pourront être integrées, dès qu'on connoitra l'intégrale des differentielles $\frac{dx}{\sqrt{x}.\sqrt{(a+bx+cxx)}}$ & $\frac{dx\sqrt{x}}{\sqrt{(a+bx+cxx)}}$; & on remarquera que $\frac{dx}{x\sqrt{x}.\sqrt{a+bx+cxx}}$ ne dépend que de $\frac{dx\sqrt{x}}{\sqrt{(a+bx+cxx)}}$.

2°. ON PEUT aussi faire voir que $\frac{x^q dx\sqrt{x}}{\sqrt{(a+bx+cxx)}}$

 dépend

dépend de $\frac{dx}{\sqrt{x}.\sqrt{(a+bx+cxx)}}$ & de $\frac{dx\sqrt{x}}{\sqrt{(a+bx+cxx)}}$.

Car $\frac{dx}{\sqrt{x}.\sqrt{(a+bxx+cxx)}}$ dépend de $\frac{dx\sqrt{x}}{\sqrt{(a+bx+cxx)}}$ & de $\frac{x^{\frac{3}{2}}dx}{\sqrt{(a+bx+cxx)}}$; & $\frac{dx\sqrt{x}}{\sqrt{(a+bx+cxx)}}$ dépend de $\frac{x^{\frac{3}{2}}dx}{\sqrt{(a+bx+cxx)}}$ & de $\frac{x^{\frac{5}{2}}dx}{\sqrt{(a+bx+cxx)}}$ &c. Donc réciproquement. On peut encore s'en assurer en supposant $x=u^{-1}$. Car la proposée deviendra $\frac{-du}{u^{q+\frac{3}{2}}\sqrt{(m+nu+qu^2)}}$, qui dépend (n. 2. art. pres.) de $\frac{du}{u\sqrt{u}.\sqrt{(m+nu+qu^2)}}$ & de $\frac{du}{\sqrt{u}.\sqrt{(m+nu+qu^2)}}$; c'est à dire de $\frac{dx\sqrt{x}}{\sqrt{(a+bx+cxx)}}$ & de $\frac{dx}{\sqrt{x}.\sqrt{(a+bx+cxx)}}$.

XXX. Coroll. I. Donc l'integration de $x^{\pm\frac{n}{2}}dx.(a+bx+cxx)^{\frac{p}{2}}$, p etant un nombre entier positif, dépend encore des deux memes differentielles. Car multipliant la differentielle proposée par $\sqrt{(a+bx+cxx)}$, elle deviendra composée de differentes parties de la forme $\frac{x^{\pm\frac{k}{2}}dx}{\sqrt{(a+bx+cxx)}}$. Donc &c.

XXXI. Co-

XXXI. COROLL. II. Si on propose d'intégrer $\frac{x^p\, dx .\, x^{\frac{n}{2}}\, dx}{(a+bx+cxx)^{\frac{n}{2}}}$, p & n etant des nombres entiers positifs, on supposera $\frac{x}{a+bx+cxx} = \frac{x}{z}$, ce qui donnera $x = -\frac{b+z}{2c} \pm \sqrt{\left(\frac{-a}{c} + \left[\frac{b-z}{2c}\right]^2\right)}$ & la transformée sera composée de differentes parties dont chacune pourra s'integrer séparement par l'art. 29, & par consequent l'integration dépendra de $\frac{dz\sqrt{z}}{\sqrt{\left(-\frac{a}{c}+\left(\frac{b-z}{2c}\right)^2\right)}}$ & de $\frac{dz}{\sqrt{z}.\sqrt{\left(-\frac{a}{c}+\left(\frac{b-z}{u}\right)^2\right)}}$ c'est a dire de $\frac{dx\sqrt{(a+bx+cxx)}}{x\sqrt{x}}$ & de $\frac{dx}{\sqrt{x}.\sqrt{(a+bx+cxx)}}$.

Donc la proposée dépend (art. 29. & 30.) de $\frac{dx}{\sqrt{x}.\sqrt{(a+bx+cxx)}}$ & de $\frac{dx\sqrt{x}}{\sqrt{(a+bx+cxx)}}$.

XXXII. COROLL. III. Si la proposée etoit $\frac{x^{-p}.x^{\frac{n}{2}}\, dx}{(a+bx+cxx)^{\frac{n}{2}}}$, elle se changeroit, en faisant $x = u^{-1}$, en $\frac{-u^{p-2}\, u^{\frac{n}{2}}\, du}{(f+gu+hu^2)^{\frac{n}{2}}}$,

qui

qui s'integre par l'art. preced. (excepté dans le cas de $p = +1$ que nous examinerons dans l'art. suivant). Donc la differentielle dont il s'agit dépend de $\frac{du\sqrt{u}}{\sqrt{(f+gu+hu^2)}}$ & de $\frac{du}{\sqrt{u}.\sqrt{(f+gu+hu^2)}}$; c'est à dire, de $\frac{dx}{x\sqrt{x}.\sqrt{(a+bx+cxx)}}$ & de $\frac{dx}{\sqrt{x}.\sqrt{(a+bx+cxx)}}$, ou ce qui est la même chose, de $\frac{dx\sqrt{x}}{\sqrt{(a+bx+cxx)}}$ & de $\frac{dx}{\sqrt{x}.\sqrt{(a+bx+cxx)}}$.

XXXIII. Coroll. IV. Si $p = +1$. *c. à d.* Si la differentielle proposée est $\frac{dx.x^{\frac{n}{2}}}{x.(a+bx+cxx)^{\frac{n}{2}}}$, on supposera $\frac{x}{a+bx+cxx} = \frac{1}{z}$ & l'on aura la transformée

$$\frac{z^{-\frac{n}{2}}.\left[\frac{-dz}{2c} \mp \frac{dz.(b-z)}{4cc\sqrt{(-\frac{a}{c}+(\frac{b+z}{2c})^2)}}\right]}{-\frac{b+z}{2c} \pm \sqrt{(\frac{-a}{c}+(\frac{b-z}{4cc})^2)}}$$; & multipliant le haut & le bas par $\frac{-b+z}{2c} \mp \sqrt{(-\frac{a}{c}+(\frac{b-z}{2c})^2)}$ on aura une transformée dont certains termes seront integrables, & les autres s'integreront par les articles precedens, en supposant l'integration

tegration de $\frac{dz\sqrt{z}}{\sqrt{\left(-\frac{a}{c}+\left(\frac{b-z}{2c}\right)^2\right)}}$ & de $\frac{dz}{\sqrt{z}.\sqrt{\left(-\frac{a}{c}+\left(\frac{b-z}{2c}\right)^2\right)}}$

c'est a dire de $\frac{dx\sqrt{x}}{\sqrt{(a+bx+cxx)}}$ & de $\frac{dx}{\sqrt{x}.\sqrt{(a+bx+cxx)}}$.

XXXIV. Coroll. V. Donc en general $x^{\pm\frac{m}{2}}dx$ $(a+bx+cxx)^{\pm\frac{p}{2}}$ dépend de l'integration des deux differentielles $\frac{dx\sqrt{x}}{\sqrt{(a+bx+cxx)}}$ & $\frac{dx}{\sqrt{x}.\sqrt{(a+bx+cxx)}}$ c'est à dire de la rectification des sections coniques. Il faut observer de plus que l'integration de ces deux differentielles ne dépend que de la rectification d'une seule Ellipse & d'une seule hyperbole, comme il est aisé de le voir par les articles precedens 15-27. Car on trouve, par exemple, que l'integration de $\frac{dx}{\sqrt{x}.\sqrt{(fx-bb-xx)}}$ dépend de la rectification d'une hyperbole, & de plus de la rectification d'une Ellipse qui donne l'integration de $\frac{dx\sqrt{x}}{\sqrt{(fx-bb-xx)}}$. De même on trouve que $\frac{dx\sqrt{x}}{\sqrt{(xx\pm fx+bb)}}$ & $\frac{dx}{\sqrt{x}.\sqrt{(xx\pm fx+bb)}}$ dépendent l'une & l'autre de la rectification de la même Ellipse & de la même hyperbole; & ainsi des autres.

XXXV. Remarque Iere J'ai cru devoir demontrer immediatement cette proposition, sans la déduire, comme j'aurois pu le faire, de la Propos. VII. du traité de la quadrature des courbes de M. *Newton*, parce que je n'aurois pu l'en déduire sans entrer dans d'assés longs calculs,

calculs, la propoſition de M. *Newton* demandant neceſſairement quelques précautions quand on l'applique à des cas particuliers. On peut même la regarder comme étant en quelque maniere trop generale dans ſon enoncé ; puisque ſuivant cette propoſition $\frac{dx}{\sqrt{(a^2-x^2)}}$ ſembleroit devoir dépendre de $\frac{dx}{x^2\sqrt{(aa-xx)}}$ qui a pour intégrale $\frac{\sqrt{(aa-xx)}}{x}$; ce qui donneroit la quadrature du cercle.

XXXVI. Remarq. II. Au reſte la differentielle $x^{\pm\frac{n}{2}}dx \times (a+bx+cxx)^{\frac{p}{2}}$ ne dépend pas toujours de la rectification de l'Ellipſe & de l'Hyperbóle, mais quelquefois d'une de ces deux courbes ſeulement ; en effet ſoit $\frac{dx\sqrt{\left(\frac{p+2a}{2a}xx-aa\right)}}{\sqrt{(xx-aa)}}$ l'Element d'une hyperbole. Si on fait $x+\sqrt{(xx-aa)}=z$, & $p=2aq$, on aura la transformée $\frac{dz}{2zz}\times\sqrt{[(zz+aa)^2\times(q+1)-4aazz]}$, qui ſe change en $\frac{du}{4u\sqrt{u}}\times\sqrt{[(qa+a).(u+a)^2-4aau]}$, en ſuppoſant $zz=au$. D'où l'on voit que $\frac{du\sqrt{(uu+2p'ua+aa)}}{u\sqrt{u}}$ dépend de la rectification de l'Hyperbole ſeule, p' etant $=\frac{q-1}{q+1}$.

XXXVII. Probl. VIII. *Trouver l'intégrale de* $x^{\pm\frac{n}{2}}dx.(a\mp xx)^{\pm\frac{p}{2}}$ p *&* n *exprimant des nombres entiers, &* a *etant poſitif ou negatif.*

1°. L'in-

1. L'intégrale de $\frac{x^{q}\,dx}{(\sqrt{a\mp x^{2}})}$ eſt $\frac{x^{q+1}\sqrt{(a\mp x^{2})}}{(q+1)a} \pm \frac{q+2}{(q+1)a}\int\frac{x^{q+2}\,dx}{\sqrt{(a\mp x^{2})}}$ d'où l'on voit que ſi on ſuppoſe $q = \frac{k}{2}$, k etant un nombre impair poſitif ou negatif, $\frac{x^{q}\,dx}{\sqrt{(a\mp xx)}}$ & $\frac{x^{q+2}\,dx}{\sqrt{(a\mp xx)}}$ dépendront toujours réciproquement l'une de l'autre. Donc $\frac{x^{\frac{1}{2}\pm 2f}\,dx}{\sqrt{(a\mp xx)}}$ dépend toujours de $\frac{dx\,\sqrt{x}}{\sqrt{(a\mp xx)}}$ c'eſt à dire de la rectification de l'Hyperbole (art. 20.) & quelque fois auſſi de celle de l'Ellipſe.

2°. $x^{\frac{1}{2}\pm 2f}\,dx\,(a\mp xx)^{\frac{p}{2}}$ en dépend auſſi, puis qu'il n'y a qu'à multiplier cette differentielle par $\sqrt{(a\mp xx)}$, pour la changer en une ſuite de termes de la forme $\frac{x^{\frac{1}{2}\pm 2k}}{\sqrt{(a\mp xx)}}$.

3°. On prouvera de même que $\frac{dx.\,x^{-\frac{1}{2}\pm 2f}}{\sqrt{(a\mp xx)}}$ & $dx.\,x^{-\frac{1}{2}\pm 2f} \times (a\mp xx)^{\frac{p}{2}}$ dépendent de $\frac{dx}{\sqrt{x}.\sqrt{(a\mp xx)}}$ c'eſt à dire (art. 21. & 23.) de la rectification de l'Ellipſe & de l'Hyperbole.

4°. Si on prend la difference de $\frac{x^{\frac{m}{2}}}{(a\mp xx)^{\frac{g}{2}}}$, m & g etant des nombres impairs, & m positif ou negatif, on aura $\frac{m x^{\frac{m}{2}-1}\, dx}{2(a+xx)^{\frac{g}{2}}} \pm \frac{g x^{\frac{m}{2}+1}\, dx}{2(a+xx)^{\frac{g}{2}+1}}$. D'où l'on voit que l'integration de $\frac{x^{\pm\frac{n}{2}}\, dx}{(a\mp xx)^{\frac{p}{2}}}$ dépend de celle de $\frac{x^{\pm\frac{n}{2}-2}\, dx}{(a\mp xx)^{\frac{p}{2}-1}}$ & qu'ainsi (n. 1. 2. 3. art. prec.) elle dépend de $\frac{dx\,\sqrt{x}}{\sqrt{(a\mp xx)}}$ ou de $\frac{dx}{\sqrt{x}.\sqrt{(a\mp xx)}}$.

XXXVIII. Coroll. Puisque $x^{\pm\frac{n}{2}}\, dx\, (a\mp xx)^{\pm\frac{p}{2}}$ dépend (art. 37.) de la rectification des Sections coniques, il s'ensuit, en faisant $a\mp xx = uu$, que $(a\mp uu)^{\pm\frac{n}{2}-\frac{1}{2}} \times u^{\pm p+1}\, du$, en depend aussi; & en faisant $u = y^{-1}$, que $(k+yy)^{\frac{\pm n-2}{4}} \times y^{\mp p\mp\frac{n}{2}-2}\, dy$ en dépend encore.

XXXIX. Co-

XXXIX. PROBL. IX. *Trouver l'integrale de* $(ax+b)^p \cdot dx\,(f+gx+hxx\pm x^3)^{\pm\frac{n}{2}}$ n *exprimant un nombre entier impair,* & p *un nombre entier positif quelconque.*

Comme $f+gx+hxx\pm x^3$ a toujours une racine réelle, soit $c\pm x$ cette racine; & soit $c\pm x = z$; En faisant la substitution on aura une transformée de la forme suivante $(kz+b)^p\,dz.\,z^{\pm\frac{n}{2}}\,(l+mz+gzz)^{\pm\frac{n}{2}}$ qui sera composée de differens termes tous integrables par l'art. 34.

XL. COROLLAIRE. Si on a à integrer $(ax+b)^p \cdot (mx+k)^{\pm\frac{r}{2}}\,dx\;(f+gx+bxx)^{\pm\frac{n}{2}}$ on pourra en venir a bout tres facilement en faisant $mx+k=z$. Car alors la proposée sera changée en une transformée dont les differens termes s'integreront par la rectification des sections coniques.

XLI. PROBL. X. *Trouver l'integrale de* $x^p\,dx\,(f+gx+hxx)^{\frac{n}{3}}$, n & p *etant des nombres entiers positifs.*

On supposera $f+gx+hxx = z^3$, ce qui donnera $x = \alpha\pm\sqrt{(\beta+\delta z^3)}$, α, β, δ, etant des constantes, & on aura une transformée integrable par l'art. 39.

XLII. REMARQUE I. Si $n=-1$ ou -2, p etant posi-

tif,

tif, la differentielle proposée pourra encore s'integrer par l'art. 39 en faisant la même transformation que dans l'art. precedent.

XLIII. REMARQ. II. Si p est positif, & n un nombre negatif tel que $1+\frac{2n}{3} = \pm\frac{k}{2}$, k etant un nombre entier impair, alors faisant dans la transformée $z^3 = u^2$, on en intégreroit les differentes parties par les art. 37 & 38.; & si k etoit un nombre pair, la proposée se reduiroit à la quadrature du cercle ou de l'Hyperbole.

XLIV. REM. III. Si $g=o$ & que n soit ou positif ou $=-1$ ou $=-2$, ou que $1+\frac{2n}{3}=\pm\frac{k}{2}$, on pourra toujours réduire la differentielle proposée au cas de l'art. 39, p etant positif ou negatif.

On verra dans la suite que etant $g=o$, & n & p des nombres positifs ou negatifs quelconques, la differentielle est toujours reductible à des arcs de sections coniques.

XLV. COR. I. Si on a à integrer $(ax+b)^p.(c+mx+nxx)^{\frac{n}{3}}dx$, on la réduira à la differentielle de l'art. 41 en faisant $ax+b=z$.

XLVI. COROLL. II. Si on a à integrer $x^{-p}dx \left(\frac{f+gx+mxx}{xx}\right)^{\frac{n}{3}}$, p etant > 1, on réduira cette differentielle à celle de l'art. 41. en faisant $x=u^{-1}$.

XLVII. COROLL. III. Si on a à integrer $x^{\frac{n}{3}}dx\,(a\mp xx)^{\frac{k}{2}}$ &

& qu'on suppose $a \mp xx = uu$, on changera la differentielle u^{k+1} $du \,.\, (b \mp uu)^{\frac{n-3}{6}}$. D'où il s'ensuit que k etant un nombre entier positif ou negatif, & n un nombre entier impair & positif, la proposée s'integre (art. 44.) par la rectification des sections coniques; & qu'elle peut meme s'integrer par cette rectification, n etant impair & negatif.

XLVIII. Probl. XI. *Trouver l'integrale de* $x^p\, dx \,.\, (f + gx + hxx)^{\frac{n}{4}}$, p *etant un nombre entier positif, & n positif ou negatif.*

On fera $f + gx + hxx = z^4$ & $z^4 = uu$, & on aura une transformée integrable par des arcs de sections coniques.

XLIX. Coroll. I. Si $g = o$ l'integration sera toujours possible par des arcs de sections coniques, p & n etant positifs ou negatifs.

L. Coroll. II. Donc on connoitra les cas ou pourront être intégrées par des arcs de sections coniques, les differentielles,

$$(ax+b)^p\, dx\, (f+gx+hxx)^{\frac{n}{4}} \;\&\; x^{-p}\, dx \left(\frac{f+gx+hxx}{xx}\right)^{\frac{n}{4}}$$

LI. Remarque. Si on veut integrer $x^{\pm p}\, dx.\, (a \mp xx)^{\pm \frac{n}{m}}$ ou $x^p\, dx\, (f+gx+hxx)^{\frac{n}{m}}$, on pourra en venir à bout par la rectification des sections coniques, toutes les fois que $\frac{2n}{m}$ sera $= \pm \frac{k}{2} - 1$. Ce qui se démontre comme dans l'art. 43.

LII. Probl.

LII. PROBL. XII. *Trouver l'intégrale de* $\frac{dx}{\sqrt{(a+bx+cxx+ex^3+fx^4)}}$.

Ier. CAS. S'il y a des racines réelles dans $a+bx+cxx+ex^3+fx^4$) on supposera que $mx+n$ en soit une, & faisant $mx+n=z$, on aura une transformée de cette forme $\frac{kdz}{\sqrt{z}.\sqrt{(p+qz+rzz+sz^3)}}$ & supposant ensuite $z=u^{-1}$ on aura pour nouvelle transformée $\frac{-du}{\sqrt{(pu^3+qu^2+ru+s)}}$ qui s'integre (art. 41.) par des arcs de sections coniques.

SECOND CAS. Si $a+bx+cxx+ex^3+fx^4$ a ses 4 racines imaginaires, on divisera d'abord cette quantité en ses deux facteurs trinomes réels $g+lx+kxx$, $m+nx+rxx$, & on mettra la proposée sous cette forme $\frac{dx}{(g+lx+kxx)\sqrt{\frac{m+nx+rxx}{g+lx+kxx}}}$

$$=\frac{dx}{(g+lx+kxx)\sqrt{(\phi+\frac{gx+\delta}{g+lx+kxx})}}.$$ On supposera ensuite $\frac{gx+\delta}{g+lx+kxx}=\frac{1}{z}$; ce qui donnera $x=\frac{gz-l}{2k}$ $\pm\sqrt{\left(\frac{\delta z-g}{k}+\left(\frac{gz-l}{2k}\right)^2\right)}$ & le denominateur de la proposée devient $\sqrt{z}.\sqrt{(\phi z+1)}\times\left(\frac{ggz-lg}{2k}+\delta\pm g\right.$ $\left.\sqrt{\left(\frac{\delta z-g}{k}+\left(\frac{gz-l}{2k}\right)^2\right)}\right)$. Ensuite ayant substitué pour dx sa valeur

sa valeur en z & en dz on multipliera le haut & le bas par $\frac{ggz-lg}{2k}+\delta\mp g\sqrt{\left(\frac{\delta z-g}{k}+\left(\frac{\gamma z-l}{2k}\right)^2\right)}$, & on aura, apres avoir fait le calcul & effacé ce qui se detruit, une transformée dont une partie sera reductible en fractions rationelles, & dont l'autre partie sera de cette forme.

$$\frac{q\,dz}{\sqrt{z}.\sqrt{(\phi z+1)}.\sqrt{\left(\frac{\delta z-g}{k}+\left(\frac{\gamma z-l}{2k}\right)^2\right)}}$$

q etant une constante. Or cette differentielle s'integre par le Probl. 9. en faisant $z=u^{-1}$ & se réduit à des arcs de sections Coniques.

Il n'y aura de difficulté que dans un seul cas, ce seroit celui où l'on auroit $\delta\delta-\frac{\delta gl}{k}+ggg=0$, & où par conséquent le denominateur seroit infini à tous les termes de la transformée. Mais il faut remarquer qu'alors on auroit $\delta=\frac{gl}{2k}\pm g\sqrt{\left(\frac{g}{k}+\frac{ll}{4kk}\right)}$, & qu'ainsi $\frac{gx+\delta}{g+lx+kxx}$ se réduiroit à $\frac{g}{k\left(x+\frac{l}{2k}\mp\sqrt{\left(\frac{g}{k}+\frac{ll}{4kk}\right)}\right)}$.

Donc la proposée seroit alors réductible a une fraction rationnelle.

LIII. Cor. I. La differentielle $\frac{dx}{(a+bx+cxx+ex^3+fx^4)^{\frac{p}{2}}}$ pourra toujours s'integrer par des arcs de sections coniques, pour vu que la quantité $a+bx+cxx+ex^3+fx^4$ ait quelques racines

racines reélles. Car il n'y aura qu'à ſuppoſer $mx+n=z$ & $z=u^{-1}$.

LIV. COROLLAR. II. Il en ſera de même de $\frac{dx}{(a+bx+cxx)^{\frac{n}{2}}(e+fx+gxx)^{\frac{m}{2}}}$, pourvuqu'un des deux trinomes ait ſes racines réelles. On fera voir plus bas, que cette differentielle eſt integrable par des arcs de ſections coniques, même lors que les deux trinomes ont leurs racines imaginaires.

LV. COROLLAR. III. Si on veut integrer $\frac{x^{\pm p}dx}{\sqrt{x}.(a+bx)^{\frac{n}{2}}(c+fx+gxx)^{\frac{m}{2}}}$ on aura en faiſant $x=y^{-1}$ la transformée $\frac{y^{\mp r-2+\frac{n-1+m}{2}}dy}{(k+ly)^{\frac{n}{2}}(p+qy+syy)^{\frac{m}{2}}}$. D'où l'on voit que ſi l'expoſant de y dans le numerateur eſt egal à un nombre entier poſitif, on pourra toujours, en ſuppoſant $k+ly=z$, réduire la propoſée à des arcs de ſections coniques.

ME-

RECHERCHES
SUR LA COURBE QUE FORME UNE CORDE TENDUË MISE EN VIBRATION,

PAR MR. D'ALEMBERT.

I.

Je me propose de faire voir dans ce Memoire, qu'il y a une infinité d'autres courbes que *la Compagne de la Cycloide allongée*, qui satisfont au Probleme dont il s'agit. Je supposeray toujours 1mo, que les excursions ou vibrations de la corde sont fort petites, ensorte que
Fig. 1. les arcs A M de la courbe qu'elle forme, puissent toujours être supposés sensiblement égaux aux abscisses correspondantes A P. 2o. que la corde est uniformement epaisse dans toute sa longueur: 3o. que la force F de la tension est au poids de la corde, en raison constante, c. a. d. comme m à 1; d'où il s'ensuit que si on nomme p la gravité, & l la longueur de la corde, on pourra supposer $F = pml$; 4o. que si on nomme A P ou A M, s; P M, y; & qu'on fasse ds constante, la force acceleratrice du point M suivant M P, est $-\frac{Fddy}{ds^2}$, si la courbe est concave vers A C, ou $\frac{Fddy}{ds^2}$ si elle est convexe. *Voyez Taylor Meth. Incr.*

II. Cela

II. Cela posé, imaginons que M m, m n, soyent deux côtés consecutifs de la courbe dans un instant quelconque, & que P p $= p\pi$, c. à. d. que ds soit constant. Soit t le tems écoulé depuis que la corde a commencé à entrer en vibration: il est certain que l'ordonnée P M ne peut etre exprimée que par une fonction du tems t, & de l'abscisse ou de l'arc correspondant s ou A P. Soit donc P M $= \varphi\,(t, s,)$ c. à. d. egale à une fonction inconnuë de t, & de s; on fera $d[\varphi\,(t, s,)] = p\,d\,t + q\,d\,s$, p, & q etant pareillement des fonctions inconnuës de t & de s; or il est evident par le Theor. de Mr. Euler, Tom. VII. des Mem. de Petersb. p. 177, que le coëfficient de $d\,s$ dans la differentielle de p doit etre egal au coëfficient de $d\,t$ dans la differentielle de q; soit donc $d\,p = \alpha\,d\,t + \nu\,d\,s$, on aura $d\,q = \nu\,d\,t + b\,d\,s$, α, ν, β, etant encore des fonctions inconnuës de t & de s. Fig. 2.

III. De là il s'ensuit, que comme les cotés M m, $m\,n$, appartiennent à la même courbe, on aura $p\,m$ — P M égale à la difference de $\varphi\,(t, s,)$ en ne faisant varier que s, c. à. d. que $p\,m$ - P M $=$ $q\,d\,s = d\,s\,.\,q$; & que la quantité que nous avons nommé cy-dessus $d\,d\,y$, c. a. d. la difference seconde de P M, prise en ne faisant varier que s, sera $d\,s\,.\,b\,d\,s$, on aura donc $\frac{F\,d\,d\,y}{d\,s^2} = F\,6$.

IV. Imaginons presentement que les points M, m, n viennent en M', m', n'; il est certain que l'excés de P M' sur P M sera egal à la difference de $\varphi\,(t, s,)$ prise en ne faisant varier que t, c. à. d. que P M' — P M $= p\,d\,t = d\,t\,.\,p$; & que la difference seconde de P M prise en ne faisant varier que t, c. à. d. la difference de M M', ou ce qui est la même chose, l'espace parcouru par le point M en vertu de la force acceleratrice qui l'anime, sera $= \alpha\,d\,t^2$. Fig. 3.

V. Cela posé, soit a l'espace qu'un corps pesant animé de la gravité p, parcourreroit dans un tems donné & constant θ: il est evident que l'on aura (par le Lem. XI. Sect. I. Liv. I. Princ. Math.)

$n\,d\,t^2$:

$\alpha dt^2 : 2a = F\beta dt^2 : p\theta^2$, donc $\alpha = \frac{2aF\beta}{p\vartheta^2} = \frac{2apml\beta}{p\vartheta^2} = \beta \cdot \frac{2aml}{\vartheta^2}$.

VI. Nous remarquerons d'abord, que l'on peut representer le tems donné θ par une ligne constante de telle grandeur que l'on voudra : il faudra seulement avoir soin de prendre, pour exprimer les parties variables & indeterminées du tems, des lignes t qui soyent à la ligne qu'on aura prise pour marquer θ, dans le rapport de ces parties variables du tems au tems constant & donné, pendant lequel un corps pesant parcourt l'espace a. On pourra donc supposer ϑ telle, que $\vartheta^2 = 2aml$: & en ce cas on aura $\alpha = \beta$. Donc puisque $dp = \alpha dt + \nu ds$, il faut que dq ou $\nu dt + \beta ds$ soit $= \nu dt + \alpha ds$.

VII. Pour déterminer par ces conditions les quantités α & ν, on remarquera, que comme $dp = \alpha dt + \nu ds$, & $dq = \nu dt + \alpha ds$, on aura $dp + dq = (\alpha + \nu) \cdot (dt + ds)$; & $dp - dq = (\alpha - \nu) \cdot (dt - ds)$. d'où il s'ensuit

1°, que $\alpha + \nu$ est egale à une fonction de $t + s$, & que $\alpha - \nu$ est egal a une fonction de $t - s$.

2°. Que par consequent on aura $p = \frac{\Phi(t+s) + \Delta(t-s)}{2}$ ou simplement $= \Phi(t+s) + \Delta(t-s)$; & $q = \Phi(t+s) - \Delta(t-s)$, d'où l'on tire PM ou $s(p\,dt + q\,ds) = \Psi(t+s) + \Gamma(t-s)$, $\Psi(t+s)$ & $\Gamma(t-s)$ exprimant des fonctions encore inconnuës de $t+s$ & de $t-s$.

l'equation generale de la courbe est donc

$$y = \Psi(t+s) + \Gamma(t-s).$$

VIII.

VIII. Or il est aisé de voir que cette equation renferme une infinité de courbes. Pour le faire voir, ne prenons icy qu'un cas particulier, savoir celui, où $y = o$, quand $t = o$; c. à. d. supposons que la corde, lorsqu'elle commence à entrer en vibration, soit etenduë en ligne droite, & qu'elle soit forcée à sortir de son etat de repos, par l'action de quelque cause que ce puisse etre; il est evident que l'on aura $\psi s + \Gamma - s = o$, donc $\Gamma - s = - \psi s$. De plus, comme la corde passe toujours par les points fixes A & B, il faut que $s = o$, & $s = l$, rendent $y = o$, quelle que soit t; donc 1°. $\psi t + \Gamma t = o$, & $\Gamma t = - \psi t$; donc $\Gamma (t - s) = - \psi (t - s)$; donc on aura $y = \psi (t + s) - \psi (t - s)$; donc il faut que $- \psi - s = \Gamma s = - \psi s$; donc ψs doit etre une fonction de s dans laquelle il n'entre que des puissances paires, lorsqu'on l'aura reduite en serie. 2°. De plus la condition de $y = o$ lorsque $s = l$, donne $\psi (t + l) - \psi (t - l) = o$. Il faut donc trouver une quantité $\psi (t + s)$, telle, que $\psi s - \psi - s = o$ & $\psi (t + l) - \psi (t - l) = o$.

IX. Pour y parvenir, imaginons la courbe $t\,o\,T$, dont les coordonnées soyent $TR = u$, $QR = z$, & qui soyent telles, que $u = \psi z$; cela posé puisque $\psi s - \psi - s$ doit etre egale à zero, il est evident qu'en prenant $Qr = QR$, il faut que $rt = RT$; & qu'ainsi la courbe $t\,o\,T$ aura, de part & d'autre du point o, des portions semblables & egales, $t\,o$, $o\,T$. De plus, comme $\psi (t + l)$ doit etre $=$ à $\psi (t - l)$ & que la difference de $t + l$ & de $t - l$ est $2l$, il est evident que la courbe $t\,o\,T$ doit etre telle, qu'etant supposée entierement decrite, deux ordonnées quelconques distantes l'une de l'autre de la quantité $2\,l$, soyent egales entr'elles. Donc si on suppose $QR = l$, on verra que la partie T K doit etre egale & semblable à tO; que la partie K X doit etre aussy egale & semblable à o T &c.; & comme les parties t O, o T, sont dejà semblables & egales, il s'ensuit que la courbe cherchée s'etend à l'infini des deux côtés du point o, & qu'elle est composée de parties toutes egales & semblables à la partie o T K, dont l'abscisse $QV = 2\,l$, & qui est Fig. 4.

divisée

divisée par son point de milieu T en deux parties semblables & égales. Fig. 5. Or les Geometres savent qu'une telle courbe peut toujours s'engendrer par le moyen d'une autre courbe T V' S R V', qui rentre en elle même, & dont les deux parties T R S, T V' S soyent semblables & egales: car si par un point quelconque L de l'axe T S on tire une droite L H, laquelle soit egale à un multiple de l'arc T R, plus à une fonction quelconque de l'abscisse T L & de l'ordonnée L R; ou bien si l'on fait la ligne L H egale à une fonction quelconque de l'abscisse T L & de l'ordonnée L R, plus à l'espace T L R divisé par une constante quelconque; il est certain qu' on aura par ce moyen une courbe o T K, dont les deux parties seront egales & qui s'etendra à l'infini, ayant toutes ses parties semblables & egales à o T K, comme la cycloide ordinaire.

X. Ayant donc décrit une telle courbe O T K, il sera facile de déterminer pour un tems quelconque t, la courbe que forme alors la corde tenduë: car cette courbe se construira toujours en prenant pour l'ordonnée qui répond à une abscisse quelconque s, la difference de deux ordonnées de la courbe O T K, rapportée à un axe quelconque Z V, & desquelles l'une $\psi(t+s)$ soit distante du point Z de la quantité $t+s$, & l'autre $\psi(t-s)$ soit distante de ce même point Z, de la quantité $t-s$

XI. Nous avons deja remarqué que ψs doit etre une fonction paire de s, donc $\psi(t+s)$ doit etre aussi une fonction paire de $t+s$. Donc la difference de $\psi(t+s)-\psi(t-s)$, prise en ne faisant varier que t, c'est à dire $dt.[\Delta(t+s)-\Delta(t-s)]$ doit etre telle, que $\Delta(t+s)$ & $\Delta(t-s)$ soyent des fonctions impaires de $t+s$ & de $t-s$: or il est facile de voir que $\Delta(t+s)-\Delta(t-s)$ ou $\frac{PM'-PM}{dt}$ exprime en general la vitesse du point M, & que $\Delta s-\Delta-s$, exprime la vitesse initiale de ce même point; donc l'expression de la vitesse initiale imprimée à chaque point de la corde, lorsqu'elle est en ligne

ligne droite, & qu'elle commence à ſe mouvoir, doit etre telle, qu'étant reduite en ſerie, elle ne renferme que des puiſſances impaires de s; autrement, ſi la fonction de s, qui exprime cette viteſſe initiale, n'etoit pas une fonction impaire de s, le problême ſeroit impoſſible, c. à. d. on ne pourroit pas aſſigner une fonction de t & de s, qui repreſentât en general la valeur des ordonnées de la courbe pour une abſciſſe s, & pour un tems t quelconque.

Il y a un grand nombre d'autres conſéquences à tirer de la ſolution generale que nous venons de donner. Elles feront le ſujet d'un ſecond Memoire.

SUITE DES RECHERCHES
SUR LA COURBE QUE FORME UNE CORDE TENDUË, MISE EN VIBRATION,

PAR MR. D'ALEMBERT.

Ce Memoire etant une suite du precedent, je conserveray l'ordre des N°. des articles.

XII. Je vais continuer à examiner les proprietés de la courbe vibrante, qui dans le cas où $t = 0$, donne $y = 0$. Mais avant que d'entrer dans un plus grand détail, il est à propos de faire voir d'une maniére un peu plus étenduë que dans l'art. X, comment on peut construire par le moyen de la courbe O T K (fig. 5. du Mem. preced.) la courbe que forme la corde tenduë. J'appelleray dans la suite *Courbe generatrice* cette courbe O T K, (fig. 1.) qui est composée, comme je l'ay fait voir, d'une infinité de portions semblables & egales, & dont les ordonnées, répondantes aux abscisses s, sont egales à ψs.

On a deja vû que la courbe O T K devoit etre telle, que O K fût $= 2l$, & que par conséquent O S ou $\frac{OK}{2}$ fût $= l$. Maintenant par l'extremité O, de l'axe qu'on peut supposer etre un des bouts de la corde, on tirera la ligne Q P, qui fasse avec la droite O Q N un angle

angle de 45 degrés; cela posé, si l'on veut savoir en quel endroit se trouvera, dans un tems donné, un point quelconque G de la corde, dont la distance Q G au point Q soit s, on remarquera d'abord, que comme le tems donné θ est supposé icy $= \sqrt{2aml}$, c'est à dire, est exprimé par une ligne droite egale à $\sqrt{2aml}$, un tems quelconque t devra etre exprimé par une ligne, qui soit à $\sqrt{2aml}$ comme t est à θ. On prendra donc Q N = à cette ligne qui doit exprimer t, & on aura N P = Q N = t. Donc faisant Q g = Q G = s, & menant G A, g F paralleles à Q N, & A B, F I, paralleles à Q P, on aura Q B = $t + s$, & Q I = $t - s$: donc B D — I E ou C D — d E = $\psi(t+s) - \psi(t-s)$. Donc on aura le point γ où doit se trouver G, en prenant G γ = C D — d E.

XIII. Si on suppose que $\sigma\, dt$ soit l'espace que chaque point de la corde tend à parcourir au premier instant (σ etant une fonction de s) on aura (art. XI.) $\frac{d\,\psi s}{ds} + \frac{d\,\psi - s}{ds} = \sigma$, d'où l'on tire $\psi s + \psi - s = \int \sigma\, ds$; & comme $\psi s - \psi - s$ est egal à zero, il s'ensuit que $\psi s = \frac{\int \sigma\, ds}{2}$ + Const. D'où l'on voit que les fonctions σ, qui representent les vitesses initiales, doivent etre proportionnelles aux differences des ordonnées I E de la courbe generatrice, divisées par les ds correspondants. Or la courbe generatrice etant composée de parties egales & semblables O T, T K, K Y, Y H, O R', R' V' &c. il s'ensuit que la courbe Q Z R, (fig. 2.) dont les ordonnées I P expriment les vitesses initiales σ, doit etre telle, que si on prend sur l'axe Q K', de part & d'autre du point Q, tant de parties qu'on voudra Q G, Q R, R K', &c. toutes egales à l, les portions de courbe Q F G, Q Z R, R V K', correspondantes à ces parties, soyent situées alternativement au dessus & au dessous de l'axe, & que de plus elles soyent egales & semblables: savoir la partie R V à la partie R Z, la partie V K' à la partie Z Q, celle-cy à la partie Q F, & la partie F G à la partie Z R, & ainsi de suite.

De plus, comme l'ordonnée I P (σ) est egale à zero, lorsque $s = o$ & lorsque $s = l$, il s'ensuit que $\frac{d \psi s}{d s}$ doit etre $= o$ aux points O & T (fig. 1.) c. à. d. que la courbe O T doit toucher la ligne O K en O, & luy etre parallele en T; d'où il s'ensuit nécessairement que cette courbe aura un point d'infléxion entre O & T; & il en est de même des parties T K, K Y, &c. qui doivent etre egales & semblables à la portion O T. Le point Z (fig. 1.) qui repond au point d'inflexion Z' de la courbe O T, donnera la plus grande ordonnée z Z (fig. 2.) de la courbe Q Z R. Enfin si les parties O Z', Z' T (fig. 1.) de la courbe generatrice, dont l'une est couvexe, l'autre concave vers la ligne O K, sont semblables & egales, comme il arrive par ex. dans la courbe appellée *Compagne de la Cycloïde*, alors les parties Q Z, Z R, de la courbe Q Z R (fig. 2.) seront semblables & egales.

Au reste, il est clair que la valeur de $\psi(t+s) - \psi(t-s)$, est la même, soit qu'on prenne l'origine en Q, ou qu'on la prenne en O. C'est pourquoy nous supposerons toujours dans la suite de ce Memoire, que l'origine de la courbe vibrante soit en Q.

XIV. Il faut cependant remarquer, qu' au lieu de faire commencer l'origine de la courbe au point O, on pourroit la faire commencer au point S, qui est le point de milieu de l'axe. Car ce point S a la même proprieté que le point O, savoir, que si on prend depuis ce point S de part & d'autre des parties de l'axe egales à l, les portions correspondantes de la courbe sont semblables & egales. Mais comme les ordonnées de la portion T K diminuent depuis T jusqu'en K, la valeur de $\psi(t+s) - \psi(t-s)$ seroit alors negative, au moins en supposant que la courbe generatrice fût telle qu'elle est representée dans la figure, c. à. d. que l'origine de l'axe fût en S & non en T. Ainsi pour avoir une valeur positive de y, il faudroit prendre $y = \psi(t-s) - \psi(t+s)$ au lieu de $y = \psi(t+s) - \psi(t-s)$. Cependant on pourroit, si l'on vouloit, prendre $y = \psi(t+s) - \psi(t-s)$ & cela ne changeroit rien à la courbe vibrante, sinon finon de mettre en deffous de l'axe la partie, qui auroit été en deffus, ce qui eft affés indifferent dans le cas dont il s'agit.

XV. Si les parties O Z', Z' T (fig. 3.) de la courbe generatrice, dont l'une eft convexe & l'autre concave, font egales & femblables, en ce cas, la courbe qu'on trouveroit pour la corde tenduë, feroit la même, foit qu'on prit le point O, ou le point s, pour l'origine de l'axe de la courbe generatrice, & pour l'extremité de la corde vibrante. Car faifant $Sa = OA = t - s$, $Sc = OC = t + s$, l'ordonnée y feroit dans le premier cas $= CD - AE$ (art. XII.), & dans le fecond cas, $= ae - cd$ (art. XIV.) Or à caufe de l'egalité, de la fimilitude, & de la pofition refpective des parties O Z', Z' T, T X, X K', on a $CD + cd = ST$, & $AE + ae = ST$; donc $CD - AE = ae - cd$. Donc &c.

Il n'en feroit pas de même fi les portions O Z', Z' T n'etoient point égales & femblables. Car alors la courbe qu'on trouveroit en prenant le point O pour origine, feroit differente de celle qu'on trouveroit en prenant pour origine le point S.

Il eft bien facile de trouver une infinité de courbes telles que O T K', qui foyent compofées à l'infini de 4 parties egales & femblables, O Z', Z' T, T X, X K', dont deux foyent convexes, favoir O Z', X K', & les deux autres concaves. Pour cela il fuffit de chercher une courbe dont les ordonnées F X, F Z', (fig. 4.) foyent proportionnelles aux arcs correfpondants T V, T L d'une courbe ovale T V S L compofée de 4 parties egales & femblables T V, V S, S L, L T: tels font le cercle, l'ellipfe, & une infinité d'autres courbes. Nous examinerons ce point plus en detail dans la fuite de ce Memoire.

[Lors que la courbe generatrice O T K' fera compofée de 4 parties egales & femblables, O Z', Z' T, T X, X K'; je l'appellerai pour abreger, *Courbe à inflexion & à 4 parties egales*; & lorsque les parties O Z', Z' T, ne feront pas egales & femblables, j'appelleray la courbe O T K', *Courbe à inflexion, & à parties egales deux a deux*, parceque la partie O Z' eft femblable & egale à la partie

tie X K', & que la partie Z' T, est semblable & egale à la partie T X.]

XVII. Lorsque la courbe generatrice O T K', (fig. 5.) est *à inflexion & à quatre parties egales*, la courbe O M S (fig. 6.) que forme la corde vibrante, est telle, que si on la continuoit indéfiniment par delà les points O & S, elle seroit aussy à *inflexion & à 4 parties égales*. En effet soit O G (fig. 6.) $= s$, O M' (fig. 5.) $= t$; O C $= t + s$, O A $= t - s$, on aura G I (fig. 6.) $=$ C D $-$ A E (fig. 5.) $= \psi(t + s) - \psi(t - s)$. Imaginons à present que l'axe O S (fig. 6.) soit prolongé par de là le point s, & qu'on prenne S g $=$ O G, & dans la fig. 5, C c & A a $=$ O S, on auroit l'ordonnée $g\,i$ (fig. 6.) $= c\,d - a\,e$ (fig. 5.) $=$ CD $-$ A E pris en sens contraire (art. XV.). Donc en premier lieu la partie S N K' (fig. 6.) sera egale & semblable à la partie O M S, mais en dessous l'axe, & la courbe O M S etant continuée, sera de cette maniere des serpentemens infinis autour de son axe. De plus, si on suppose S g' (fig. 6.) $=$ O G, & qu'on veuille trouver la valeur de l'ordonnée correspondante $g'\,i'$, il faudra prendre dans la fig. 5. M' c' $=$ O g' aussi bien que M a', & faire $g'\,i' = c'\,d' - a'\,e'$: or comme A M' & & M' C $=$ O G $=$ S g', il est evident que A M' $+$ M' c' $=$ OS, & que C M' $+$ M' a' $=$ O S. Donc $c'\,d'$ $+$ A E $=$ CD $+$ $a'\,e'$, donc $c'\,d' - a'\,e'$ ou $g'\,i'$ $=$ C D $-$ A E ou G I (fig. 6.); donc les deux parties M S, M O de la courbe vibrante sont semblables & egales. Or nous venons de prouver que la partie S N K' est aussi semblable & egale à la partie O M S, & placée au dessous de l'axe: donc la courbe O M S que forme la courbe vibrante, est telle, que si elle etoit continuée, elle seroit *à inflexion* en S & en O, & à 4 *parties egales* O M', M S', S N', N K' &c.

Il n'en est pas de même, lorsque la courbe generatrice est *à inflexion & à parties égales deux à deux*. La partie S N K' de la courbe vibrante, continuée (fig. 6.) ne seroit point alors semblable à la partie O M S, ni la partie M S à la partie O M; mais si on prenoit depuis le point O de part & d'autre, tant de parties qu'on voudroit,

droit, egales à $2l$, les parties de la courbe correſpondantes à ces diviſions de l'axe, feroient egales & ſemblables entr'elles, & ſemblablement ſituées par rapport à l'axe; car on a fait voir dans l'art. IX, qu'en géneral les ordonnées de la courbe generatrice, qui ſont diſtantes l'une de l'autre de $2l$, doivent etre egales.

XVIII. Si $t = \frac{1}{2} l$, c'eſt à dire ſi OM' $= \frac{1}{2}$ OS, il eſt facile de voir que CD — AE (fig. 7) $= 2$ (CD — M'Z'): ainſi pour former alors la courbe de la corde vibrante, il ſuffira de tracer une courbe O M S (fig. 6), qui ait des ordonnées G I, doubles des ordonnées correſpondantes de la portion Z' T X (fig. 7) de la courbe generatrice, dont on ſuppoſe ici que Z', X ſoient les points d'inflexion, & Z' X l'axe: d'où l'on voit que ſi, par exemple, les ordonnées paralleles à OS ou à Z'X, dans la courbe generatrice, ſont dans le rapport de $\frac{n}{m}$ avec les arcs correſpondants d'une courbe ovale quelconque, la courbe que forme la corde vibrante dans l'inſtant où $t = \frac{1}{2} l$, ſera telle, que ſes ordonnées paralleles à OS (fig. 6) feront dans le rapport de $\frac{n}{2m}$ avec les arcs correſpondans d'une courbe ovale ſemblable, & double de la premiere.

XIX. Comme l'on a ſuppoſé le tems conſtant θ egal à $\sqrt{2aml}$, il eſt viſible que t ſera $= \frac{1}{2} l$, lorsque le tems t ſera au temps θ, comme $\frac{1}{2} l$ à $\sqrt{2aml}$; donc en general, aprés un tems egal à $\frac{\theta l}{2\sqrt{2aml}}$ ou egal à $\frac{q\theta l}{2\sqrt{2aml}}$, q etant un nombre impair quelconque, la courbe formée par la corde vibrante ſera de la meme nature que la courbe generatrice.

XX. Si on veut ſavoir quels ſeront les momens, où la corde ſera en ligne droite, il faut chercher ſur l'axe O S (fig. 5) les valeurs de t telles, qu'en prenant de part & d'autre du point où elles ſe terminent des valeurs quelconques de s egales entr'elles, les ordonnées correſpondantes, qui ſeront $\psi(t+s)$ & $\psi(t-s)$, ſoient egales entr' elles, ce qui aura lieu, ſi on prend $t =$ OS ou OK', ou en en géneral, égal à un multiple de l; or comme $\theta = \sqrt{2aml}$; & que le tems t dont il s'agit ici, sera $= Rl$, R exprimant un nombre entier quelconque, pair ou impair, il est evident, que ce tems t sera à θ, comme Rl est à $\sqrt{2aml}$; donc la corde se trouvera dans la situation rectiligne aprés chaque tems t, qui contiendra un certain nombre de fois exactement le tems $\frac{\theta l}{\sqrt{2aml}}$, ou $\frac{\theta \sqrt{l}}{\sqrt{2ma}}$.

XXI. Il est facile de tirer de notre solution génerale la solution, que l'on donne ordinairement du Problême *de cordis vibrantibus*. Pour le faire voir il ne sera pas inutile de rappeller ici la methode qu'on employe pour y arriver. Suivant cette methode on a

Voyez Taylor Method. Increm. & les Mem. de Petersb. 3.

$-\frac{ddy}{ds^2} : \frac{1}{R} = y : A$, en prenant R pour le rayon de la developpée de la courbe à l'extremité de sa plus grande ordonnée, & A pour cette plus grande ordonnée; d'où l'on tire $-\frac{AR\,ddy}{ds^2} = y$, donc $-AR\,dy^2 = y^2 ds^2 - A^2 ds^2$ & $ds = \frac{dy\sqrt{AR}}{\sqrt{(A^2-y^2)}}$, ou $ds = \frac{A\,dy}{\sqrt{(AA-yy)}} \cdot \frac{\sqrt{R}}{\sqrt{A}}$. Donc si on nomme l la longueur de la corde, & $2n$ le rapport de la circonference au rayon on aura $\frac{nA}{2} \times \frac{\sqrt{R}}{\sqrt{A}} = \frac{l}{2}$ & $n^2 AR = ll$, donc $R = \frac{ll}{nnA}$; c'est à dire que $\frac{ll}{n^2 A}$ est l'expression du rayon de la developpée à l'extremité de la plus grande ordonnée: donc la force acceleratrice, dont l'expression generale est $-\frac{pml\,ddy}{ds^2}$, sera à l'extremité de la plus grande ordonnée, $\frac{pml}{R}$ ou $\frac{pmn^2 A}{l}$. De plus, si on nomme y' la plus grande ordonnée de la courbe aprés un tems quelconque t, on sait

que

que la force $\frac{pmn^2 A}{l}$ devient alors $\frac{pmn^2 A}{l} \times \frac{y'}{A} = \frac{pmn^2 y}{l}$, donc on aura $\frac{dt^2}{\theta^2} \times \frac{2apmn^2 y'}{pl} = -ddy'$, d'où l'on tire en integrant $\frac{dy'}{\sqrt{(A^2 - y'^2)}} = \frac{ndt}{\theta} \times \frac{\sqrt{2am}}{\sqrt{l}}$, donc $\frac{y'}{A} =$

$$\frac{c^{\frac{nt\sqrt{2am}.\sqrt{-1}}{\theta\sqrt{l}}} - c^{\frac{-nt\sqrt{2am}\sqrt{-1}}{\theta\sqrt{l}}}}{2\sqrt{-1}}.$$

Or quand la plus grande ordonnée est A, on trouve par l'équation cy-dessus $ds = \frac{Ady}{\sqrt{(AA - yy)}} \times \frac{\sqrt{R}}{\sqrt{A}}$, que l'ordonnée à un point quelconque est

$$A \times \frac{c^{\frac{s\sqrt{-1}}{\sqrt{AR}}} - c^{\frac{-s\sqrt{-1}}{\sqrt{AR}}}}{2\sqrt{-1}};$$

& quand la plus grande ordonnée est y', l'ordonnée y à un point quelconque est $y' \times$

$$\frac{c^{\frac{s\sqrt{-1}}{\sqrt{AR}}} - c^{\frac{-s\sqrt{-1}}{\sqrt{AR}}}}{2\sqrt{-1}},$$

donc $y = A \times$

$$\left(\frac{c^{\frac{nt\sqrt{2am}.\sqrt{-1}}{\theta\sqrt{l}}} - c^{\frac{-nt\sqrt{2am}.\sqrt{-1}}{\theta\sqrt{l}}}}{2\sqrt{-1}}\right) \times \left(\frac{c^{\frac{s\sqrt{-1}}{\sqrt{AR}}} - c^{\frac{-s\sqrt{-1}}{\sqrt{AR}}}}{2\sqrt{-1}}\right)$$

: mettant pour $\sqrt{RA}$ sa va-

 leur

leur $\frac{l}{n}$ & supposant pour simplifier le calcul $\theta = \sqrt{2aml}$, on aura

$$y = A \times \frac{c^{\frac{nt\sqrt{-1}}{l}} - c^{\frac{-nt\sqrt{-1}}{l}}}{2\sqrt{-1}} \times \frac{c^{\frac{ns\sqrt{-1}}{l}} - c^{\frac{-ns\sqrt{-1}}{l}}}{2\sqrt{-1}}$$

$$= A \times \left[\frac{c^{\frac{n\sqrt{-1}}{l}(t+s)} + c^{\frac{-n\sqrt{-1}}{l}(t+s)}}{-4} - \frac{c^{\frac{n\sqrt{-1}}{l}(t-s)} + c^{\frac{-n\sqrt{-1}}{l}(t-s)}}{-4} \right].$$

Donc dans le cas qu'on a seul considéré jusqu'icy, on a $\psi(t+s)$

$$= A \times \frac{c^{\frac{n\sqrt{-1}}{l}(t+s)} + c^{\frac{-n\sqrt{-1}}{l}(t+s)}}{-4} \quad \& \quad \psi(t-s)$$

$$= A \times \frac{c^{\frac{n\sqrt{-1}}{l}(t-s)} + c^{\frac{-n\sqrt{-1}}{l}(t-s)}}{-4}.$$

Telle est l'equation de la corde vibrante, dans l'hypothese qu'elle soit en ligne droite au commencement de son mouvement, & que chacun de ses points reçoive l'impulsion convenable, pour qu'elle prenne la forme *de la compagne de la cycloide* extrémement allongée. Si on supposoit que la corde ne fût pas en ligne droite au commencement de son mouvement, & qu'elle eût la forme *de la compagne de la cycloide* trés allongée, alors, comme y' diminueroit à mesure

mesure que t croitroit, on auroit $-\frac{dy'}{\sqrt{(A^2-y^2)}} = \frac{n\,dt}{b} \times \frac{\sqrt{2am}}{\sqrt{l}}$ & $y = A \times \left(\frac{c^{\frac{nt\sqrt{-1}}{l}} + c^{\frac{-nt\sqrt{-1}}{l}}}{2}\right) \times \left(\frac{c^{\frac{ns\sqrt{-1}}{l}} - c^{\frac{-ns\sqrt{-1}}{l}}}{2\sqrt{-1}}\right)$, d'où l'on tireroit fort aisément les valeurs de $\psi(t+s)$ & de $\psi(t-s)$ convenables à cette hypothese.

XXII. Il est facile de voir que dans les deux cas, dont nous venons de parler, $\psi(t+s) - \psi(t-s) = \Delta t \times \Gamma s$, Δt, & Γs exprimant des fonctions de t & de s, & que dans le 1er cas $\Gamma s = \Delta s$; or je dis qu'il n'y a aucun autre cas où $\psi(t+s) - \psi(t-s)$ puisse etre egal au produit d'une fonction de t par une fonction de s. En effet il est visible par ce que nous avons dit dans le art. VII & VIII, que $\psi(t+s) - \psi(t-s)$ peut etre regardé en general comme l'ordonnée d'une courbe que forme une corde vibrante. Or soient OMV, OLV (fig. 8) deux des courbes quelconques que forme la corde dans deux instans differens; pourque y soit $\Delta t \times \Gamma s$, il faut qu'en tirant tant d'ordonnées qu'on voudra LN, RP, KF, &c. on ait LN : MN = RP : PQ = KF : YF; or dans cette supposition on trouvera facilement par la methode ordinaire, que toutes les courbes OMV, OLV, doivent etre des compagnes de cycloide, fort allongées; donc on ne peut avoir $\psi(t+s) - \psi(t-s) = \Delta t \times \Gamma s$, que dans le cas de $\Gamma s = \frac{c^{Ms\sqrt{-1}} - c^{-Ms\sqrt{-1}}}{2\sqrt{-1}}$ M exprimant un nombre quelconque, & dans celui de $\Delta t = A$

$Mt\sqrt{-1}$

$$\left(\frac{c^{Mt\sqrt{-1}} - c^{-Mt\sqrt{-1}}}{2\sqrt{-1}}\right) \text{ ou bien } = \text{A}$$

$$\left(\frac{c^{Mt\sqrt{-1}} + c^{-Mt\sqrt{-1}}}{2}\right).$$ C'est ainsi que l'application de la Mechanique à la Geometrie aide quelque fois à decouvrir des verités purement geometriques, qu'il pourroit être assés difficile de trouver, en se servant de methodes directes.

XXIII. Jusqu'ici nous avons supposé que y etoit $= o$ lorsque $t = o$, c'est à dire que la corde etoit d'abord en ligne droite. Mais il peut arriver par une infinité de causes que la corde forme une ligne courbe au commencement de son mouvement: par exemple, qu'elle ait été forcée de se courber, par des puissances qui l'ayent tenu quelque tems en équilibre, & qui viennent à cesser tout-à-coup. Il est evident qu'en ce cas la seule courbure de la corde suffira pour qu'elle se mette en mouvement, sans qu'il soit nécessaire d'imprimer à ses parties aucune vitesse primitive. Cependant pour rendre la solution que nous allons donner, plus etenduë & plus générale, nous supposerons que chaque partie de la corde, outre le mouvement qu'elle reçoit de la courbure même de la corde, ait encore reçu une vitesse telle, que l'espace qu'elle doit parcourir dans le premier instant dt soit σdt, σ etant une fonction de s. Nous supposerons de plus que la premiere valeur generale de l'ordonnée y soit Σ, Σ exprimant aussi une fonction de s. Cela posé, nous aurons en géneral comme dans l'art. VIII, $y = \Psi(t+s) + \Delta(t-s)$; or lorsque $s = o$, il faut que $y = o$, quel que soit t, on aura donc $\Psi t + \Delta t = o$ & $\Delta t = -\Psi t$, donc $y = \Psi(t+s) - \Psi(t-s)$. Cette equation qui paroit la même que celle de l'art. VIII en est cependant differente, en ce qu'ici $\Psi s - \Psi - s$ ne doit pas etre $= o$, mais $= \Sigma$. L'expression génerale de l'espace parcouru dans un instant est $dt\,[\Gamma(t+s) - \Gamma(t-s)]$, & lorsque $t = o$, il faut que $\Gamma s - \Gamma - s = \sigma$; donc $ds\Gamma s - ds\Gamma - s = \sigma ds$; donc Ψs

$+ \Psi - s$

$+ \psi - s = \int \sigma ds +$ const. d'où l'on voit que $\int \sigma ds$ doit etre une fonction paire de s, & que par conséquent σ en est une fonction impaire; de meme l'équation $\psi s - \psi - s = \Sigma$ fait voir que Σ doit etre une fonction impaire de s. Donc le probleme est imposſible, si les fonctions σ & Σ ne sont pas l'une & l'autre des fonctions impaires de s, c. à. d. des fonctions où il n'entre que des puiſſances impaires de s, c'eſt à dire qu'on ne pourra trouver alors aucune fonction de $t + s$, telle que $y = \psi(t + s) - \psi(t - s)$.

XXIV. Lorsque $\sigma = o$, on a $\psi s + \psi - s = o$. Donc ψs doit etre une fonction impaire, & $\Sigma = 2 \psi s = - 2 \psi - s$, donc 1°. la courbe generatrice doit paſſer par l'origine A de la corde vibrante (fig. 9.) & etre composée de deux parties egales & semblables l'une au deſſous de l'axe, l'autre au deſſus, lesquelles commencent toutes deux en A, car $\Sigma = 2 \psi s$, donne $\psi s = \frac{\Sigma}{2}$. Or Σ est $= o$ quand $s = o$, & comme Σ est une fonction impaire, elle doit etre negative, quand s est negatif. De plus, comme y doit etre $= o$ lors que $s = l$, il faut que les ordonnées de la courbe generatrice distantes l'une de l'autre de $2 l$, soyent egales (art. IX.); enfin comme $\Sigma = o$ lorsque $s = l$, il faut que $\psi s = o$ lorsque $s = l$, & qu'ainsi la courbe generatrice coupe son axe en un point eloigné de A de la quantité l.

De là il s'enſuit que la courbe generatrice doit etre telle, que si on prend sur l'axe AO de part & d'autre du point A des portions egales à $2 l$, les parties de la courbe répondantes à ces portions de l'axe, soyent egales, semblables, & semblablement situées par rapport à l'axe. De plus, si on fait AS $= 2 l$ & AK $= 2 l$, on trouvera que la partie KQTGH doit par la même raison etre egale & semblable à la partie APOLS, & semblablement située par rapport à l'axe. Or les parties APLS, & AGTQK doivent etre auſſi egales & semblables, mais differemment situées. Donc les parties APO, OLS, AGT, TQK, sont égales, semblables & alternativement situées au deſſus & au deſſous de l'axe; donc la courbe genera-

generatrice coupe son axe en une infinité de points distans de part & d'autre de A des quantités l, $2\,l$, $3\,l$, $4\,l$ &c. & cette courbe est formée de parties egales & semblables, qui serpentent autour de ces axes, & qui se trouvent alternativement au dessus & au dessous.

XXV. Pour que la courbure de la corde soit telle, que tous ses points puissent arriver à l'axe dans le même instant, il faut qu'il y ait une valeur de t telle que $\psi(t+s) - \psi(t-s)$ soit $=0$, quelle que soit la valeur de s, c'est à dire qu'il y ait des points dans l'axe A O, tels que les ordonnées egalement distantes de part & d'autre de ces points, soyent égales. Or cela ne peut avoir lieu ici, que quand les portions, ou arcades A P O de la courbe generatrice sont composées chacune de deux moitiés egales & semblables A P, P O.

XXVI. Il est clair par les proprietés qui viennent d'être demontrées de la courbe generatrice A P O, que les ordonnées M N de cette courbe (fig. 10.) peuvent etre representées par les aires correspondantes P M S d'une courbe K S G B E I, dont les deux parties separées par l'axe P Q peuvent etre égales ou inegales, mais doivent etre composées chacune de deux parties egales & semblables P K C H, H C Q G; & E P C I, I C Q B; & lorsque A P sera égale & semblable à P O, alors ces 4 parties seront toutes égales & semblables entr'elles. Voyés l'art. XXXI. cy dessous.

XXVII. On a deja vû que dans le cas de $\sigma = 0$ la fonction $\psi\,s$ est $= \frac{\Sigma}{2}$. D'où il s'ensuit que si A K O (fig. 11.) est la figure de la corde au premier instant de son mouvement, on trouvera facilement la courbe generatrice A P O, en coupant par le milieu en G, P, toutes les ordonnées N V, K C, de la courbe A K O.

De là, & de l'art. preced. il s'ensuit que la courbe donnée A K O doit etre telle, que ses ordonnées paralleles à A O puissent etre representées par les aires correspondantes d'une courbe composée de deux parties, dont chacune puisse se diviser par une ligne parallele à A O en deux moitiés égales & semblables; & pour que

tous

tous les points de la corde A K O arrivent en même tems à la ligne droite A O, il faut que les deux parties A K, K O, soient egales & semblables.

XXVIII. Si σ n'est pas $= o$, c. à. d. si les points de la corde reçoivent au commencement de leur vibration des vitesses, qui leur soyent imprimées par des puissances quelconques, on aura $\psi s + \psi - s = A + \int \sigma\, d s$, A marquant une constante & $\psi s - \psi - s = \Sigma$. Donc $\psi s = A + \frac{\int \sigma d s + \Sigma}{2}$ & $\psi - s = A + \frac{\int \sigma d s - \Sigma}{2}$, Σ & σ etant l'une & l'autre des fonctions impaires de s.

Dans ce cas la courbe generatrice Q M L (fig. 12.) doit etre telle, que si on prend sur l'axe A O tant de parties qu'on voudra A O, O R, &c. egales à $2 l$, les portions de courbe correspondantes Q M L, L K N, &c. soyent egales & semblables; savoir, la partie Q M à L K, la partie M L à K Q &c. parceque $\psi (t + s) - \psi (t - s)$ doit etre $= o$ lorsque $s = l$. Par la même raison si on prend A Z $=$ A O, la partie Q P doit etre egale & semblable à la partie L M, & la partie P F à la partie M Q.

Remarque I.

XXIX. Nous avons supposé dans la solution generale du probleme (art. VI.) que θ etoit $= \sqrt{2 a m l}$; & nous avons fait voir que cette hypothese ne limitoit point notre solution: cependant si on vouloit résoudre sans le secours de cette hypothese le probleme dont il s'agit, voici comment il faudroit s'y prendre.

On remarquera 1o. que la question se réduit à trouver des quantites α & β, telles que $\nu d t + \beta d s$, & $\nu d s + \alpha d t$ soyent des differentielles exactes, & que de plus $\alpha = \frac{\text{Є}. 2 a m l}{\theta^2}$. Il faut donc trouver une quantité β telle, que $\nu d t + \beta d t$ & $\nu d s + \frac{\text{Є}. 2 a m l}{\theta^2} d t$ soyent des differentielles exactes. 2o. Puisque la solution que nous avons donnée en faisant $\theta = \sqrt{2 a m l}$, est absolument gene-

rale,

rale, la valeur de y qui eſt $\psi(t+s)-\psi(t-s)$ doit donc etre la même, ſoit qu'on prenne $\vartheta = \sqrt{2aml}$, ou non. Donc lorsque ϑ ne ſera pas ſuppoſé $=\sqrt{2aml}$, il faudra pour conſerver la valeur de y, prendre au lieu de t, une ligne egale à celle qui exprime le tems t dans le cas de $\theta = \sqrt{2aml}$. Or ſi θ eſt $= g\sqrt{2aml}$, g exprimant un nombre quelconque, la ligne qui exprimeroit alors le tems t, ſeroit à celle qui l'exprime dans le cas de $\theta = \sqrt{2aml}$, comme g à 1. Donc, ſi on diviſe par g la ligne qui exprime le tems t dans le cas de $\vartheta = g\sqrt{aml}$, cette ligne ainſi diviſée ſera egale à celle qui exprimeroit le même tems t dans le cas de $\vartheta = \sqrt{2aml}$. Donc, ſi au lieu de t, on ecrit $\frac{t}{g}$ ou $\frac{t\sqrt{2aml}}{\theta}$ dans la valeur de y, on aura l'expreſſion generale $\psi\left(\frac{t\sqrt{2aml}}{\theta}+s\right)-\psi\left(\frac{t\sqrt{2aml}}{\theta}-s\right)$ qui eſt toujours la même, ſoit que $\vartheta = \sqrt{2aml}$, ou non.

Pour voir maintenant comment on arriveroit à trouver cette valeur generale de y en integrant directement les quantités $v\,dt + \beta\,ds$ & $v\,ds + \frac{\beta . 2aml\,dt}{\theta^2}$, on remarquera que dans le cas de $\theta = \sqrt{2aml}$, ces deux quantités etant ajoutées enſemble, ont donné $v+\beta$ egale à une fonction de $t+s$, & que la ſeconde etant retranchée de la premiere a donné $v-\beta =$ à une fonction de $t-s$; d'où l'on a tiré les valeurs de v & de β. Il faut donc tacher de preparer les deux quantités données, de maniere qu'elles demeurent toujours des differentielles completes, & que les ajoutant & les retranchant ſucceſſivement l'une de l'autre, on ait deux differentielles dont l'une ſoit celle d'une fonction de $\frac{t\sqrt{2aml}}{\theta}+s$, & l'autre, celle d'une fonction de $\frac{t\sqrt{2aml}}{\theta}-s$. Pour cela il faudra d'abord écrire la ſeconde ainſi $=\frac{\beta\sqrt{2aml}}{\theta}\times\frac{dt\sqrt{2aml}}{\theta}+v\,ds$, & la la premiere ainsi $= \frac{v\theta}{\sqrt{2aml}} \times \frac{\sqrt{2aml}}{\theta} dz + \beta ds$. On multipliera cette derniere par $\frac{\sqrt{2aml}}{\theta}$, ce qui ne l'empechera point d'etre une differentielle exacte, & on la changera en $v \cdot \frac{dz\sqrt{2aml}}{\theta} + \frac{\beta\sqrt{2aml}}{\theta} \cdot ds$; ajoutant ensemble ces deux differentielles, & retranchant ensuite l'une de l'autre, on aura pour la 1ere transformée $\left(\frac{dz\sqrt{2aml}}{\theta} + ds\right) \times \left(\frac{\beta\sqrt{2aml}}{\theta} + v\right)$ & pour la 2de transformée $\left(\frac{dz\sqrt{2aml}}{\theta} - ds\right) \times \left(\frac{\beta\sqrt{2aml}}{\theta} - v\right)$ d'où l'on déduira facilement la valeur generale de y.

Je me suis un peu etendu sur la methode de trouver β & v dans le cas de $\theta = g \cdot \sqrt{2aml}$, parce que cette methode est generale, quelque autre quantité que l'on ait à la place de $\frac{2aml}{\theta^2}$; par ex. si les deux quantités proposées etoient $v\,dz + \beta ds$ & $v ds + g\beta dz$, g etant un coëfficient constant quelconque, il n'y auroit qu'à mettre dans les calculs precedens $\sqrt{g}$ à la place de $\frac{\sqrt{2aml}}{\theta}$, pour trouver v & β. Voyez ma Dissertation sur les Vents (art. 87. 88. & 89.) où j'ay eu occasion de traiter ce probleme plus à fond, & d'une maniere trés generale.

Remarque II.

XXX. Il est visible par tout ce qui a été dit jusqu'à present, que la solution generale du Probleme des cordes vibrantes se reduit à deux choses: 1o. à determiner de la maniere la plus generale la courbe generatrice. 2o. à trouver ensuite dans chaque cas particulier, quelle doit etre cette courbe, par les valeurs de Σ & de σ.

Or

Or nous avons vû, que lorsque $\Sigma = o$, la courbe generatrice A L E (fig. 13.) doit etre telle, qu'en prenant depuis l'origine *a* de part & d'autre, les parties *ab*, *be*, *ef*, *fg*, &c. & *ac*, *cd*, &c. toutes egales à *l*, les portions correspondantes de la courbe, soyent toutes egales & semblables, & situées de la même maniere les unes par rapport aux autres, comme on le voit dans cette figure. C'est pourquoy prenant A B $= l$, & imaginant l'origine de la courbe au point L, l'equation de la courbe doit etre telle, que la partie L E soit egale & semblable aux parties L A, E M, & que la partie M G soit egale & semblable à la partie L E, & ainsi de suite à l'infini. Or faisant L P $= x$, ces conditions auront lieu, lorsque la valeur de dy en dx sera telle 1°. que pour un même dx on ait toujours deux valeurs egales de dy, l'une d'un côté de l'axe, l'autre de l'autre côté, c. à. d. l'une positive, l'autre negative. 2°. Que $\frac{dy}{dx}$ soit $= o$ ou ∞ lorsque $x = o$, c. à. d. au point L; & nous avons de plus fait voir (art. XIII.) que dans le cas particulier dont il s'agit icy, où $\Sigma = o$, il faut que $\frac{dy}{dx}$ soit $= \infty$ au point L. 3°. que lorsque $x =$ L B, la valeur de dy soit $= o$ ou ∞; & dans le cas particulier de $\Sigma = o$ elle doit etre $= \infty$ (art. XIII.). 4°. Que lorsque $x =$ L B la valeur de y ne soit point $= o$, autrement la courbe pourroit retourner sur elle même sans avoir un cours infini; 5°. que la valeur de $\frac{dy}{dx}$ qui est $= o$ ou ∞, lorsque $x = o$ ou $=$ L B, soit imaginaire, lorsque x est negative, ou lorsque x est positive & $>$ L B. 6°. Que si la valeur de $\frac{dy}{dx}$ est infinie lorsque $x = o$, ou lorsque $x =$ L B. Cette valeur infinie soit d'un ordre radical, c. à. d. d'un ordre d'infini au dessous de ∞, autrement les ordonnées en L & en B seroient infinies.

XXXI.

XXXI. On peut, ſi l'on veut, tracer la courbe L E M G par le moyen des aires correſpondantes d'une autre courbe auxquelles les ordonnées P R ſoyent proportionnelles. Ainſi toute la difficulté ſe réduit à trouver les conditions de l'equation de cette ſeconde courbe. Ces conditions ſeront 1°. que l'ordonnée u de cette courbe ait toujours deux valeurs egales pour une même x, l'une poſitive, l'autre negative, 2°. qu'en faiſant x negative ou x poſitive & $>$ L B, la valeur de u devienne imaginaire. 3°. Que $x = o$ rende $y = \infty$ ou o, & que dans le cas de $\Sigma = o$, $y = \infty$ lorſque $x = o$. 4°. Que l'aire de cette courbe ſoit nulle, lorſque $x = o$, & qu'ainſi l'ordonnée répondante à $x = o$ ſoit tout au plus un infini radical. 5°. Que cette aire ne ſoit ni $= o$, ni $= \infty$, lorſque $x =$ L B ou $<$ L B.

J'appellerai dans la ſuite *courbe engendrante*, cette courbe, dont les aires ſont proportionnelles aux ordonnées correſpondantes de la courbe generatrice L E M, & dont les ordonnées ſont par conſequent proportionnelles aux dy correſpondans de la courbe L E M.

Ainſi, faiſant L B $= 2a$, on voit que la *courbe engendrante*, dont l'equation feroit $u = \frac{1}{(2ax - xx)^{\frac{1}{2}}}$ eſt excluë par la 4e condition, la courbe qui auroit pour ordonnée $\frac{x}{\sqrt{(4aa - xx)}}$ eſt excluë par la 2°. & la 3°. De-même la courbe qui auroit pour ordonnée $\sqrt{\left(\overline{(a-x)}^{\frac{2}{3}} - aa\right)}$ eſt excluë par la 5e. condition. Car l'aire de cette courbe ou l'integrale de $dx\sqrt{\left(\overline{(a-x)}^{\frac{2}{3}} - aa\right)}$ eſt $\sqrt{\left(\overline{(a-x)}^{\frac{2}{3}} - aa\right)} \times \left\{\frac{1}{(a-x)^{\frac{1}{3}}} - (a-x)\right\}$ comme il eſt facile de s'en aſſurer. Or comme a repreſente icy l'unité, il eſt clair que cette aire eſt nulle lors que $x = 2a$, cela vient de ce qu'en faisant $x > a$ c'est à dire $x > \frac{LB}{2}$ l'ordonnée devient negative. Pour le faire voir, supposons $a - x = z$, x etant trés peu differente de a, il est clair que l'ordonnée sera $z - \frac{z}{3} = \sqrt[3]{\frac{1}{z}}$ qui devient negative lorsque z est negative.

XXXII. Si on veut que la courbe generatrice A L E ait une inflexion en son point de milieu R, (fig. 14.) & que les parties R E, L R soyent egales & semblables, l'une convexe & l'autre concave, il faudra pour lors supposer, que les ordonnées soyent proportionnelles aux aires correspondantes d'une courbe, qui ait toutes les conditions marquées dans l'art. XXXI. & qui outre cela soit composée de 4 parties egales & semblables. De plus, lorsque x est egale à LP, c. á d. à la moitié de L B, l'ordonnée de la *courbe engendrante* ne doit etre ni infinie, ni zero; car imaginons qu'on place au point p l'origine des abscisses de la *courbe engendrante* & qu'on prenne une abscisse infiniment petite; si l'ordonnée correspondante etoit nulle ou infinie, elle ne pourroit etre exprimée que par $\sqrt[2p:m]{\pm z}$, à cause des quatre parties semblables & egales, dont (hyp.) la courbe est composée. Ainsi faisant z successivement positif & negatif, on auroit pour les valeurs de l'ordonnée $\pm z^{\pm\frac{p}{m}}$; donc l'ordonnée qui etoit $z^{\pm\frac{p}{m}}$ dans le cas de l'abscisse positive, deviendroit $-z^{\pm\frac{p}{m}}$ dans le cas de l'abscisse negative, c'est à dire seroit negative elle même. Ainsi, comme les 4 parties de la courbe sont egales & semblables, son aire seroit $= o$ lorsque x seroit $=$ L B. Or cela ne doit point etre (art. XXXI. n. 5.) Donc &c.

D'où l'on voit que la tangente au point d'inflexion R doit faire avec l'axe un angle fini.

XXXIII.

XXXIII. Lorsque la partie LE de la courbe generatrice (fig. 13) ne doit pas etre egale & semblable à la partie EM, mais à la partie MG, alors la courbe engendrante doit avoir toutes les memes conditions qui ont été marquées cy-dessus, excepté que les ordonnées de part & d'autre de l'axe seront inegales.

Dans ce dernier cas, si la courbe LE doit avoir un point d'inflexion en R (fig. 14), & que la partie LR doive étre semblable à la partie RE, & la partie rA à la partie Lr, alors la courbe engendrante doit être telle, qu'une ligne parallele à AE, qui passera par le point de milieu de son axe LB, divise chacune de ses parties en deux moitiés egales & semblables.

XXXIV. Il est donc facile maintenant, si on se rappelle tout ce qui a eté dit cy-dessus de trouver Σ & σ, lorsque la courbe generatrice est donnée; Il n'est pas plus difficile de trouver la courbe generatrice (art. XXVIII) lorsque Σ & σ sont données. Mais il faut prendre garde que Σ & σ ne peuvent pas être données à volonté, ces quantités doivent avoir de certaines conditions, comme on l'a déjà vu dans ce memoire.

On remarquera d'abord que Σ & σ etant des fonctions impaires (art. XXVIII) les courbes dont les ordonnées sont proportionnelles à Σ & à σ doivent etre telles, qu'etant continuées de part & d'autre de l'origine, elles ayent deux parties indefinies, & semblables, & egales, l'une au dessus de l'axe, l'autre au dessous. De plus comme $\psi s - \psi - s = \Sigma$, il s'ensuit 1o. que Σ doit etre $= o$ lorsque $s = l$, puisque $s = l$, rend $\psi s - \psi - s = o$. 2o. comme la courbe AGR, (fig. 15) dont l'abscisse AL $= s$, & l'ordonnée GL $= \psi s$, est telle que $\psi + s - \psi - s = o$ lorsque $s = l$ ou un multiple de l, il s'ensuit que Σ doit etre aussy $= o$ toutes les fois que $s = nl$, n etant un nombre entier quelconque, pair ou impair. 3o. Par la même raison si on prend une abscisse $= nl + z$, & une autre $= nl - z$, z etant une quantité quelconque, les ordonnées correspondantes Σ doivent etre de position contraire & egales. Car soit AE $= nl$, EC, & EL $= z$, AM $=$ AE, AD $=$ AL, AP $=$ AC, on aura $\psi (nl + z) - \psi - (nl + z) =$ CR $-$ PN, & $\psi (nl - z)$ $- \psi$

$\psi - (nl + z) = GL - OD$. Or $CR = OD'$, $PN = GL$, donc $\psi (nl + z) - \psi - (nl + z) = - [\psi (nl - z) - \psi - (nl - z)]$. Ainsi la courbe dont les ordonnées sont Σ, & dont la corde vibrante est supposée avoir la figure au premier instant, sera telle que si on prend depuis l'origine A tant de parties qu'on voudra de part & d'autre de l'axe, toutes egales à l, les portions correspondantes de la courbe seront alternativement situées au dessus & au dessous de l'axe, & de plus semblables & egales. Cette courbe est donc de la même nature que les courbes generatrices de l'art. XXIV.

XXXV. On voit de même par l'equation $\psi s + \psi - s = \int \sigma ds$, que lorsque $s = 2l$ ou $4l$ ou $6l$ &c. les aires correspondantes $\int \sigma ds$ de la courbe dont les ordonnées sont σ, doivent etre $= o$, car comme l'on peut toujours supposer $\psi s = o$, lorsque $s = o$, il s'ensuit que $\psi s = o$ lorsque $s = 2l$, ou $4l$ &c. & par consequent aussi $\psi - s = o$ dans le meme cas. On verra de même que les quantités, $\psi s + \psi - s$, doivent etre egales, lorsque $s = l$, ou $3l$ ou $5l$ &c. d'où il s'ensuit que les aires correspondantes $\int \sigma ds$ doivent etre egales aussi. Enfin si on prend une abscisse $= nl + z$, & une autre $= nl - z$, les aires corréspondantes $\int \sigma ds$ devront aussi etre egales. De là il s'ensuit que la courbe dont les ordonnées sont σ aura les memes proprietés que celle dont les ordonnées Σ, & qui ont été demontrées dans l'art. precedent.

XXXVI. Au reste chacune de ces courbes peut avoir d'ailleurs telle figure qu'on voudra, pourvu qu'elle ait les proprietés que nous avons marquées, & on trouvera toujours la courbe engendrante qui lui repond. Ainsi on trouvera que la courbe engendrante de la courbe ASTL (fig. 16) moitié de ALE (telle qu'elle est representée ici, coupant σ fois son axe, depuis A jusqu'en E, qu'on suppose distant de A de la quantité l) on trouvera, dis-je, que la courbe engendrante de cette courbe doit avoir à peu prés la forme representée
Fig. 16. & dans la figure 17, la partie lnt donnant la portion LNT, la partie
17. rts la portion RTS, la partie sma la portion SA; & cette derriére courbe representée (fig. 17) doit avoir d'ailleurs par rapport

à son

à son axe & à ses asymptotes les conditions marquées cy-dessus (art. XXXI).

XXXVII. Comme les ordonnées GN de la courbe ASTL (fig. 16) sont exprimées par une fonction, qui a une infinité de valeurs, il s'ensuit que l'aire $lLgn$ (fig. 17) a aussi une infinité de valeurs, quoique la courbe ne soit pas ovale & rentrante en elle même; mais quelque paradoxe que cette verité puisse paroitre, on en conviendra aisément, si on fait attention que la courbe, qui auroit pour ordonnée $\frac{1}{\sqrt{(2ax-xx)}}$ & pour abscisse x, & dont les aires seroient proportionnelles à des arcs de cercle, que cette courbe, dis-je, seroit dans le même cas que celui dont il s'agit, quoiqu'elle ait deux asymptotes aux points où $x=0$, & où $x=2a$.

XXXVIII. On peut donc toujours supposer que les ordonnées de la courbe generatrice sont proportionnelles aux aires d'une autre courbe. Mais il faut prendre beaucoup de précautions, lorsqu'on les suppose egales ou proportionnelles aux arcs correspondants d'une autre courbe. Car 1°. il n'est pas toujours possible de trouver une courbe dont les arcs soient proportionnels aux ordonnées d'une autre. Soit par ex. $dy = dx\sqrt{(2ax-xx)}$ l'equation de la courbe generatrice, il est certain qu'une courbe dont les arcs seroient proportionnels aux ordonnées correspondantes de la courbe generatrice, auroit pour equation $du = dx\sqrt{[n^2(2ax-xx)-1]}$ qui est imaginaire lorsque $x=0$. 2°. Il y a encore sur ce même sujet d'autres observations trés importantes à faire: soit par exemple la courbe AROT (fig. 18) dont l'equation soit $dy = dx\sqrt{(\overline{1-x}^{\,-\frac{2}{3}}-1)}$ ($AP=x$, $PM=y$); il est constant que cette courbe sera composée de 4 moitiés égales & semblables, placées comme on les voit dans la figure; que de plus elle sera rectifiable, puisque son element sera $dx\sqrt{\overline{1-x}^{\,-\frac{2}{3}}}$, quantité facile à integrer; qu'enfin elle n'aura point d'autres branches conjuguées à ces 4 là: car l'equation delivrée de radicaux est $\left(\frac{dy^2 + dx^2}{dx^2}\right)^3 = \frac{1}{(1-x)^2}$. Or dans toute equation cubique $z^3 = p$ qui n'a que deux termes, il n'y a qu'une racine réelle; donc $\frac{dy^2 + dx^2}{dx^2}$ n'a qu'une valeur réelle en x, & par conséquent $\frac{dy}{dx}$ n'a point d'autre valeur reelle que $\sqrt{(1-x)^{-\frac{2}{3}} - 1)}$. Si donc on se proposoit de trouver une courbe dont les ordonnées fussent proportionnelles aux arcs AM, il sembleroit d'abord, que la courbe AROT rentrant en elle même, l'integrale de $dx \sqrt{1-x}^{-\frac{2}{3}}$, ne devroit pas etre plutôt l'arc AM, que l'arc AMROTA + AM, ou 2 AMROTA + AM, &c. d'où l'on concluroit que l'ordonnée répondante à l'arc AM, & proportionnelle à cet arc, devroit avoir une infinité de valeurs, & qu'ainsi la quantité $dx \sqrt{1-x}^{-\frac{2}{3}}$ ne devroit point etre intégrable, quoiqu'en effet elle le soit. De plus, si on vouloit faire usage ici de la démonstration de Mr. Newton sur l'imposibilité de la rectification indéfinie des courbes ovales, on pourroit croire aussi qu'il seroit facile de l'appliquer au cas present, en faisant tourner autour du centre C une régle mobile CM, & qu'ainsi la rectification de l'arc AM devroit etre imposible. Comment donc arrive-t-il qu'on trouve l'expression finie de cet arc? Qu'est-ce qui empêche la démonstration de Mr. Newton d'etre applicable ici? Et pourquoy la courbe dont les ordonnées sont proportionnelles aux arcs AM, n'a-t-elle pas une infinité de branches semblables, comme la compagne de la cycloide? Voici, ce me semble, quelle en est la raison.

XXXIX. 1°. Quoique l'ordonnée soit imaginaire lorsque $x >$ Ao, cependant l'arc ne l'est pas en quelque maniére: son expression, ou plutôt l'expression algebrique de la quantité qui le represente, est réelle. Cela vient de ce que cette quantité n'exprime pas veritablement

ment & ſtrictement l'arc de la courbe, elle exprime ſeulement l'intégrale $\sqrt{(dx^2 + dy^2)}$. Or quoyque dy ſoit imaginaire, cette quantité intégrale peut etre réelle, tant que dy^2 ne ſera pas plus petit que dx^2. Ainſi l'intégrale de $dx \sqrt{\overline{1 - x}}^{-\frac{2}{3}}$ ne doit pas etre une quantité, ou ſerie indéfinie, parce qu'elle ne devient pas imaginaire, ni quand $x > Ao$, ni quand x eſt négative. Pour rendre cette remarque encore plus ſenſible, je ſuppoſe qu'on décrive la courbe A, dont les aires ſoient proportionnelles aux arcs A M, & par conſéquent aux ordonnées de la courbe, qui auroit pour differentielle de ſes ordonnées la quantité $dx \sqrt{\overline{1 - x}}^{-\frac{2}{3}}$; on trouvera, qu'en nommant u les ordonnées de la courbe A, on aura $\frac{du}{dx} = 1$ lorſque $x = o$ & lorſque $x = 1$, & que la courbe A aura des aſymptotes aux points où $x = AC$, conditions qui ſont abſolument contraires à celles que nous avons exigées ci-deſſus (art. XXXI & XXXII.)

XL. C'eſt par cette raiſon, pour le dire en paſſant, que la cycloide eſt rectifiable, quoiqu'à une même abſciſſe, il paroiſſe repondre une infinité d'arcs, d'où on pourroit juger que ſa rectification indéfinie ſeroit imposſible. Pour ſe tirer de cette erreur, on n'a qu'à conſtruire la courbe dont les ordonnées ſoyent egales aux arcs de la cycloide, on verra que ſi u repreſente l'ordonnée de cette courbe, on a $\frac{du}{dx} = 1$ lorſque $x = 2a$, & que lorſque $x > 2a$, l'expresſion de l'arc eſt encore réelle. Ausſi cette courbe dont les ordonnées ſont egales aux arcs de la cycloide, eſt une parabole indéfinie.

Il n'en eſt pas de même des cycloides allongées ou accourcies, ni des compagnes de la cycloide; ausſi leur rectification indéfinie eſt-elle imposſible. Car on ſait depuis long-tems que les cycloides allongées, ou accourcies, ne ſont rectifiables que par des arcs d'ellipſe, d'ellipse, & on peut facilement démontrer la même chose des compagnes de la cycloide.

Quoique cette digression soit un peu longue, j'ay cru qu'on me la permettroit ici, tant à cause du rapport immediat & nécessaire qu'elle a avec mon sujet, que parce qu'elle m'a donné occasion d'exposer une methode simple & nouvelle pour trouver une infinité de courbes non ovales, dont la quadrature, ou la rectification indéfinie, est impossible.

Remarque III.

XLI. Il est à remarquer 1o. que la courbe generatrice A L E (fig. 13.) ayant eté trouvée suivant les conditions marquées dans l'art. XXX. & XXXI, on peut tracer ensuite suivant des conditions semblables une autre courbe génératrice, qui ait le même sommet Z & le même axe Z B, & ensuite de ces deux courbes generatrices n'en former qu'une seule, qui ait ses ordonnées paralleles à A E egales à la somme des ordonnées correspondantes des deux 1eres courbes, & ainsi de suite à l'infini. 2o. Que la courbe generatrice A L E etant tracée, on peut en tracer une seconde qui passe par les mêmes points A, E, &c. & qui ait des propriétés semblables, & ensuite, de ces deux courbes generatrices n'en faire qu'une seule dont les ordonnées perpendiculaires à A E, soyent egales à la somme des ordonnées correspondantes des deux premiéres: il est donc visible que de cette sorte on peut avoir, par le moyen de deux courbes generatrices données, une infinité d'autres courbes generatrices, qui auront les mêmes propriétés generales que les deux courbes proposées.

Remarque IV.

XLII Jusqu' ici nous avons cherché la courbure que doit avoir la corde, dans l'hypothese que tous les points soyent poussés au premier instant avec des vitesses dont la loy soit donnée, & nous avons vû que dans une infinité de cas cette loy pouvoit etre telle, que la corde ne prit jamais la figure d'une compagne de cycloide trés allongée, ainsi qu'on le pense ordinairement. Cependant Mr. Taylor a prea prétendu prouver que la corde devoit toujours prendre cette figure. Mais son raisonnement ne me paroit pas revêtu de toute la clarté possible. Ce savant Geometre veut prouver que la corde prendra toujours une forme telle que p S (fig. 19.) soit à P S, comme q R à Q R. Pour cela il suppose qu'il y ait un instant où p S : P S < ou > q R : Q R, & il se propose de démontrer que la corde doit enfin prendre une figure, dans laquelle p S sera à P S = q R : Q R. Or la preuve que Mr. Taylor donne de cette proposition, me paroit susceptible de beaucoup de difficultés; car de ce que P p : Q q > P S : Q R, comme il arrive lorsque la courbure en P est à la courbure en Q en plus grand rapport que P S à Q R, il est à la verité en droit de conclurre que p S : P S < q R : Q R & p S : q R < P S : Q R < la force en P est à la force en Q. Mais je ne vois pas qu'il s'ensuive de là, comme il le dit, que la courbure en p soit moindre par rapport à la courbure en P, que la courbure en q ne l'est par rapport à la courbure en Q. D'ailleurs, en supposant même que cette derniére assertion fut démontrée, il faudroit de plus que la vitesse actuelle & la force acceleratrice devinssent à la fois & dans le même instant proportionnelles aux distances à l'axe A C. Or comment cela se fera-t-il? c'est ce que l'auteur n'explique point. Ne peut-il pas arriver que l'un des points P, Q, vienne à l'axe avant que la proportion exacte soit rétablie entre p S, P S, q R & Q R? Toutes ces réflexions jointes aux preuves directes tirées de notre solution generale, sont plus que suffisantes, ce me semble, pour nous convaincre qu'il manque quelque chose à la solution, que Mr. Taylor veut donner pour generale.

Remarque V.

XLIII. On met ordinairement une corde en vibration, en la touchant par quelqu'un de ses points avec un archet, ou un autre instrument, & en la faisant sortir par ce moyen de son état de repos. Pour voir quel mouvement cette action produit dans toute l'etenduë de la corde, supposons que la corde C A D (fig. 20.) fixe en C & en D, soit composée d'une infinité de petits poids ou corpuscules

A, E, H, F, G &c. unis ensemble par des ressorts capables de dilatation; il est certain que si on écarte le point A de la ligne droite A E, en l'obligeant à decrire la ligne A a, la portion A E de la corde deviendra a E, & que le point E sera poussé vers e suivant E e, avec une force proportionelle à l'angle a E A. On trouvera de même que le mouvement du point E ou e en produira dans le point F, celui-ci dans le point G, &c. & que les lignes A a, E e, F f, G g &c. suivront une progression geometrique, dont le dernier terme sera la ligne G g decrite par le point G, le plus prés de l'extremité D. Il en est de même de l'autre côté de A vers C; il faudroit donc, pour appliquer icy notre solution generale, trouver une fonction σ de s, qui exprimât ces proprietés des lignes A a, E e, F f, &c. Or cela est impossible. Car soit C E $= s$; comme les lignes A a, E e, F f &c. sont (hyp.) en progression Geometrique, la valeur de σ ne pourroit etre que c^{-ns}, c etant le nombre dont le logarithme est 1, & n une constante quelconque. Or 1°. lorsque $s = o$ & $=$ C D, cette valeur devroit etre à egale à zero, ce qui n'est pas; 2°. lorsque $s <$ C A, la valeur de σ devroit diminuer, au lieu que celle de c^{-ns} va en augmentant depuis A jusqu'en C: enfin c^{-ns} n'est pas une fonction paire de s, comme σ le doit etre (art. XXVIII.), car $c^{-nc} = 1 - ns + \frac{nnss}{2} - \frac{n^3 s^3}{2.3}$ &c.

XLIV. Il n'y a donc point autre chose à faire, que de chercher le mouvement de la corde, en la regardant comme composée d'un grand nombre de points, unis ensemble par des fils extensibles. Supposons pour cet effet une corde C D (fig. 21.) chargée de deux corpuscules A, F, joints ensemble par les fils flexibles & extensibles C A, A F, F D; soit C A $= a$, A F $= b$, F D $= c$, A $a = x$, F $f = y$; il est facile de voir que la force qui anime les points a, f, est proportionnelle aux angles C a f, a f D, c. à. d. à

$\times \left(\frac{a+b}{a}\right)$

$\frac{x\left(\frac{a+b}{a}\right)-y}{b}$ & à $\frac{y-x}{b}+\frac{y}{c}$. On aura donc les deux equations $-ddx=\frac{2adt^2.m}{\theta^2}\left\{\frac{x\left(\frac{a+b}{a}\right)-y}{b}\right\}$; & $-ddy=\frac{2adt^2}{\theta^2}.m.\left(\frac{y-x}{b}+\frac{x}{c}\right)$; & ces equations ſont génerales ſoit que les poids a, f, achevent en même tems leurs vibrations, comme on l'a ſuppoſé jusqu'ici, ſoit qu'ils les achevent ſeparément. Le nombre de ces mêmes equations augmentera avec celuy des diviſions de la corde, & des poids qui y ſont attachés; mais elles pourront toujours s'integrer par la methode que j'ay donnée il y a 4 ans, dans mon Traité de Dynamique art. 101. J'ai depuis ce tems perfectionné beaucoup cette methode, & j'en ai imaginé pluſieurs autres nouvelles & curieuſes pour integrer differentes equations, qui ſont du même genre que celles-ci. Mais comme ce détail me meneroit trop loin, ce ſera le ſujet d'un autre Memoire, qui contiendra beaucoup de recherches ſur le calcul integral. Ce que je viens de dire, ſuffit pour faire voir, qu'on peut toujours trouver à peu prés les vibrations des differens points de la corde, en l'imaginant comme un fil extenſible chargé de pluſieurs petits poids.

Remarque VI.

XLV. Si on vouloit que la corde, en vertu de l'impulſion d'un de ſes points, prit tout d'un coup la forme d'une courbe, telle qu'elle a eté déterminée dans les art. XIII., XXIII &c. on pourroit facilement trouver ſon excurſion, c'eſt à dire, la quantité dont chacune de ſes parties s'ecarteroit du point de repos. Car ſoit E l'eſpace que la force de l'impulſion feroit parcourir à une maſſe egale à celle de la corde, il faut 1°. que $\int\sigma\, ds = lE$. De plus, ſi dans le cas, par ex.

ex. où la corde prend la forme d'une compagne de cycloide, on veut avoir la valeur de la plus grande ordonnée A, on suppofera que m' soit l'espace que le point de milieu de la corde parcourreroit dans le tems θ avec sa viteffe initiale, on aura $\frac{m'dt}{\theta}$ pour l'espace qu'il parcourreroit au 1er inftant. Or cet espace doit etre egal à la differentielle de y, en faisant varier t, & suppofant ensuite $t = o$ & $s = \frac{1}{2}\, l$. On aura donc (art. XXI.) $\frac{m'dt}{\theta}$

$$= A \times \frac{n\,dt}{l} \times \frac{c^{\frac{n\sqrt{-1}}{2}} - c^{\frac{-n\sqrt{-1}}{2}}}{2\sqrt{-1}}$$

d'où l'on tirera la valeur de A.

Remarque VII.

XLVI. Si on suppofoit que la corde fit des vibrations longitudinales de C vers A, au lieu de les faire perpendiculairement à sa longueur, alors imaginant que y fut l'espace décrit par un point quelconque, on auroit la même équation que ci-deffus (art. VI.) entre y & s. Par là on pourroit calculer la viteffe du son d'une maniére beaucoup plus générale, qu'on ne l'a fait jusqu' ici.

Remarque VIII.

XLVII. Si on suppose que la corde, faisant ses vibrations perpendiculaires à A C, ou suivant A C, ne soit fixe que par un de ses bouts, on aura pour lors $y = \psi\,(t+s) - \psi\,(t-s)$, & comme ci-deffus $\psi\, s - \psi - s = \Sigma$ & $\psi\, s + \psi - s = o$. La courbe generatrice pourra dans ce cas être Geometrique, parce qu'il n'eft plus neceffaire que les ordonnées distantes l'une de l'autre de la quantité $2\,l$, soyent egales. Ainsi on aura par ce moyen les oscillations d'une corde cordes sans pesanteur, fixe par un de ses bouts. Il est vray que nôtre solution est differente de celle des celebres Geometres Mrs. Euler & Bernoulli; mais cela vient de la difference de nos hypotheses sur le ressort. Je regarde ici la corde vibrante comme composée de parties flexibles & extensibles sans roideur. Ces illustres Auteurs la regardent au contraire comme un ressort roide, & une espece de levier, qui a une infinité de points d'appuy, & c'est de là que provient la disparité de nos solutions.

Au reste, puisque l'occasion s'en presente, je crois qu'on ne sera pas faché de voir icy une methode assés élegante pour integrer l'équation $d^4y = Myd t^4$, par laquelle ces deux savans Auteurs expriment la nature de la corde vibrante, & fixe par un des bouts. On peut supposer toujours que cette équation vienne des deux suivantes

$$ddy = u\,dt^2$$
$$ddu = My\,dt^2$$

Or multipliant la 2de. de ces équations par un coëfficient constant, & indeterminé v, & les ajoutant ensuite ensemble, on aura $ddy + v\,ddu = (u + vMy)\,dt^2$; & faisant $u + vMy =$ à un multiple de $y + vu$, on aura $\frac{1}{v} = vM$; d'où l'on tire $v = \pm V\frac{1}{M}$. Donc si on suppose $u + MyV\frac{1}{M} = z$, & $u - MyV\frac{1}{M} = q$, on aura $z\,dt^2 = ddzV\frac{1}{M}$ & $q\,dt^2 = -ddqV\frac{1}{M}$. Ces deux dernieres équations, qui s'integrent aisément, donneront les valeurs de z & de q en t, & par conséquent aussi celles de u & de y.

SUITE DES RECHERCHES SUR LE CALCUL INTEGRAL

PAR M. D'ALEMBERT.

TROISIEME PARTIE.

DES DIFFERENTIELLES QUI SE RAPPORTENT A' LA QUADRATURE DES LIGNES DU TROISIEME ORDRE.

PROBLEME I.

I.

Trouver l'integrale de $\frac{dx}{x^n \sqrt{(a + bx + cx^2 + fx^3)}}$, n étant un nombre entier positif.

Si on prend la difference de $x^{-q} \cdot \sqrt{(a + bx + cx^2 + fx^3)}$, on trouvera que cette difference est égale à la quantité suivante ;

$$\frac{dx}{2\sqrt{(a + bx + cx^2 + fx^3)}} \cdot (-2aqx^{-q-1} - 2bqx^{-q} - 2cqx^{-q+1} - 2fqx^{-q+2} + bx^{-q} + 2cx^{-q+1} + 3fx^{-q+2}$$

d'où il s'ensuit 1°. que si l'on fait $q = 1$, l'integrale de

 dx

$\frac{dx}{x^2\sqrt{(a+bx+cx^2+fx^3)}}$ dépendra de celle de $\frac{dx}{x\sqrt{(a+bx+cx^2+fx^3)}}$, de celle de $\frac{dx}{\sqrt{(a+bx+cx^2+fx^3)}}$ & de celle de $\frac{x\,dx}{\sqrt{(a+bx+cx^2+fx^3)}}$. Or ces deux dernieres se rapportent à la rectification des sections coniques, comme nous l'avons fait voir dans la seconde partie : donc la differentielle $\frac{dx}{x^2\sqrt{(a+bx+cx^2+fx^3)}}$ dépend de la rectification des sections coniques, & de l'intégration de $\frac{dx}{x\sqrt{(a+bx+cx^2+fx^3)}}$

2°. On prouvera de la même maniére, en faisant $q = 2$, que $\frac{dx}{x^3\sqrt{(a+bx+cx^2+fx^3)}}$ dépendra de $\frac{dx}{x^2\sqrt{(a+bx+cx^2+fx^3)}}$, de $\frac{dx}{x\sqrt{(a+bx+cx^2+fx^3)}}$ & de $\frac{dx}{\sqrt{(a+bx+cx^2+fx^3)}}$; d'où il s'ensuit qu'elle dépendra des sections coniques, & de la differentielle $\frac{dx}{x\sqrt{(a+bx+cx^2+fx^3)}}$; & parconséquent il est facile de voir qu'en général $\frac{dx}{x^n\sqrt{(a+bx+cx^2+fx^3)}}$ dépend de la rectification des sections coniques, & de la differentielle $\frac{dx}{x\sqrt{(a+bx+cx^2+fx^3)}}$. Or cette derniére differentielle ne peut se réduire, du moins par la methode présente, à la rectification des sections coniques, parcequ'en faisant $q = 0$, on a $2aqx^{-q-1} = 0$. Nous enseignerons dans le probleme suivant, laquelle est la quadrature la plus simple à laquelle elle paroisse pouvoir se réduire.

CO-

COROLL. I.

II. Au reste il est bon de remarquer qu'il y a des cas où la differentielle $\frac{dx}{x^n V(a+bx+cx^2+fx^3)}$ se rapporte uniquement à la rectification des sections coniques. Ce sont les cas, où les coëfficients $a, b, c, f,$ & l'exposant n sont tels, que le coëfficient qui affecte $\frac{dx}{x V(a+bx+cx^2+fx^3)}$ est $=o$. Par exemple $\frac{dx}{x^3 V(a+bx+cx^2+fx^3)}$ dépend de la rectification des sections coniques, & des intégrales de $\frac{3bdx}{-2ax^2 V(a+bx+cx^2+fx^3)}$ & de $\frac{3cdx}{-2ax V(a+bx^2+cx^2+fx^3)}$; or l'intégrale de $\frac{dx}{x^2 V(a+bx+cx^2+fx^3)}$ dépend de la rectification des sections coniques, & de $\frac{bdx}{-2ax V(a+bx+cx^2+fx^3)}$, donc l'integrale cherchée dépend de la rectification des sections coniques, & de $\left(\frac{3bb}{4aa} - \frac{3c}{2a}\right) \cdot \frac{dx}{x V(a+bx+cx^2+fx^3)}$. D'où il s'ensuit que la differentielle proposée est absolument dépendante de la rectification des sections coniques, si $bb = 2ca$.

On verra de même que $\frac{dx}{x^2 V(a+cx^2+fx^3)}$ dépend de la rectification des sections coniques, parceque $b=o$, & ainsi des autres.

COROLL. II.

III. Si b & $c = o$, c'est à dire si la differentielle proposée est $\frac{dx}{x^n V(a+fx^3)}$; En ce cas elle se réduira toujours à la rectification

 des

des sections coniques. Car $\frac{dx}{x\sqrt{(a+fx^3)}}$ se change en une fraction rationelle, en faisant $x^3 = u$ & $a + fu = z$; d'où il s'ensuit qu'elle s'integre, ou par des arcs de cercle, ou par les logarithmes, c'est à dire, par des arcs de cercle, ou de parabole. Donc &c.

Coroll. III.

IV. De là il s'ensuit que la differentielle $x^{\pm p} dx.(a + bxx)^{\pm\frac{n}{3}}$, dans laquelle p & n réprésentent des nombres entiers quelconques, se rapporte toujours à la rectification des sections coniques: car si on fait $a + bxx = z^3$, on aura une transformée de cette forme $z^{\pm q} dz(e + gz^3)^{\pm\frac{r}{2}}$, q & r marquant des nombres entiers positifs. Or cette derniere quantité se rapporte à la rectification des sections coniques, car 1°. si on a $+\frac{r}{2}$, on multipliera le haut & le bas par $\sqrt{(e+gz^3)}$ & on aura une transformée, dont les differens termes seront de la forme $\frac{z^{\pm k} dz}{\sqrt{(e+gz^3)}}$, & par conséquent se rapportent à la rectification des sections coniques. 2°. Si on a $-\frac{r}{2}$, on pourra toujours réduire l'integration de la differentielle proposée à celle de $\frac{z^{\pm k} dz}{\sqrt{(e+gz^3)}}$. Car la differentielle de $\frac{z^s}{(e+gz^3)^{\frac{m}{2}}}$ est

$$\frac{s z^{s-1} dz}{(e+gz^3)^{\frac{m}{2}}} - \frac{3mgz^{s+2} dz}{2(e+gz^3)^{\frac{m+2}{2}}};$$ d'où l'on voit qu'en général

l'intel'integration de $z^{\pm q} dz\, (e+gz^3)^{-\frac{r}{2}}$ depend de celle de $z^{\pm q-3} dz\, (e+gz^3)^{\frac{-r+1}{2}}$ & ainsi de suite, & que par conséquent l'intégration de la differentielle proposée se réduit à celle de $\frac{z^{\pm k} dz}{\sqrt{(e+gz^3)}}$. Or comme cette derniére se reduit à la rectification des sections coniques, il s'ensuit &c.

COROLL. IV.

V. De ce que $z^{\pm q} dz\, (e+gz^3)^{\frac{+r}{2}}$ se réduit à la rectification des sections coniques, il s'ensuit, en faisant $z = u^{-1}$, que $u^{\frac{\pm n}{2}} du\, (m+pu^3)^{\frac{+r}{2}}$ s'y réduit aussi, n & r étant des nombres positifs & entiers.

COROLL. V.

VI. Il est donc evident, tant par ce que nous avons dit dans la seconde partie, que par les Coroll. precedens, qu'en général $z^q dz\, (e+gz^m)^n$ se réduit à la rectification des sections coniques, m étant $=2$ ou $=3$; q étant égale à la moitié d'un nombre entier positif ou negatif, & n étant égale à la moitié d'un nombre entier positif ou negatif, ou même encore au tiers d'un nombre entier positif ou negatif, lorsque $m=2$. Ou enfin, lorsqu'on a $m=2$; $q=$ à un nombre entier positif ou negatif, & $n=$ au quart d'un nombre entier positif ou negatif. Or soit proposé d'integrer $z^p dz(a+bz^r)^s$, & soit fait $a+bz^r = u^t$, on aura pour transformée une quantité de cette forme $u^{ts+t-1} du\, (f+gu^t)^{\frac{p+1-r}{r}}$; d'où il

s'ensuit

s'ensuit que la proposée est réductible à des arcs de sections coniques 1o. si $s = 2$, $2s + 1 = \pm \frac{n}{2}$ & $\frac{p+1-r}{r} = \pm \frac{q}{2}$ ou $\pm \frac{q}{3}$ n & q exprimant des nombres entiers. 2°. si $s = 3$, $3s + 2 = \pm \frac{n}{2}$ & $\frac{p+1-r}{r} = \pm \frac{q}{2}$. 3°. si $s = 2$, $2s + 1 = \pm n$, & $\frac{p+1-r}{r} = \pm \frac{q}{4}$.

PROBLEME II.

VII. *Trouver l'intégrale de* $\frac{dx}{x\sqrt{(a+bx+cx^2+fx^3)}}$.

On commencera par supposer $x = u^{-1}$, ce qui donnera pour transformée $\frac{du\sqrt{u}}{\sqrt{(k+lu+mu^2+nu^3)}}$. Or je dis que l'intégration de cette dernière differentielle dépend de celle de $\frac{du\sqrt{(k+lu+mu^2+nu^3)}}{\sqrt{u}}$ qui est l'élément d'un espace curviligne du 3e ordre, dont l'équation seroit $uyy = k + lu + mu^2 + nu^3$. Pour le démontrer, je suppose, qu'on ait à integrer $\frac{du\sqrt{(k+lu+mu^2+nu^3)}}{\sqrt{u}}$; je mets d'abord cette quantité sous la forme suivante $\frac{k\,du}{\sqrt{u}.\sqrt{(k+lu+mu^2+nu^3)}} + \frac{l\,du\sqrt{u}}{\sqrt{(k+lu+mu^2+nu^3)}} + \frac{mu\,du\sqrt{u}+nu^2\,du\sqrt{u}}{\sqrt{(k+lu+mu^2+nu^3)}}$, or de ces trois quantités la premiére se rapporte à des arcs de sections coniques, en faisant $u = z^{-1}$. De plus on trouvera que

$$\frac{nu^2du\sqrt{u}+mudu\sqrt{u}+ldu\sqrt{u}}{\sqrt{(k+lu+mu^2+nu^3)}}=d\left(\frac{u^{\frac{1}{2}}\sqrt{(k+lu+mu^2+nu^3)}}{2}\right)$$

$$+\frac{ldu\sqrt{u}}{2\sqrt{(k+lu+mu^2+nu^3)}}+\frac{m}{4n}.\ d(u^{-\frac{1}{2}}\sqrt{(k+lu+mu^2+nu^3)})$$

$$-\frac{mmdu\sqrt{u}}{8n\sqrt{(k+lu+mu^2+nu^3)}}+\frac{m}{4n}\cdot\frac{kdu.u^{-\frac{3}{2}}-\frac{knu}{m}^{-\frac{1}{2}}du}{\sqrt{(k+lu+mu^2+nu^3)}}.$$

Or en faisant $u=z^{-1}$, on verra facilement que

$$\frac{ldu.u^{-\frac{3}{2}}-\frac{knu}{m}^{-\frac{1}{2}}du}{\sqrt{(k+lu+mu^2+nu^3)}}$$ se rapporte à des arcs de sections coniques, d'où il s'ensuit que la differentielle $\frac{du\sqrt{(k+lu+mu^2+nu^3)}}{\sqrt{u}}$ dépend de la rectification des sections coniques, & de $\left(\frac{l}{2}-\frac{mm}{8n}\right)\frac{du\sqrt{u}}{\sqrt{(k+lu+mu^2+nu^3)}}$. Donc réciproquement $\frac{du\sqrt{u}}{\sqrt{(k+lu+mu^2+nu^3)}}$ dépend de $\frac{du\sqrt{(k+lu+mu^2+nu^3)}}{\sqrt{u}}$. *Ce qu'il falloit trouver.*

REMARQUE Iere.

VIII. Il n'y a qu'un seul cas où la démonstration précédente puisse souffrir quelque difficulté, c'est celuy où $\frac{l}{2}$ sera égal à $\frac{mm}{8n}$; car alors les deux differentielles $\frac{d\sqrt{(k+lu+mu^2+nu^3)}}{\sqrt{u}}$ &

du

$\frac{du\sqrt{u}}{\sqrt{(k+lu+mu^2+nu^3)}}$ ne dépendroient plus l'une de l'autre. Je feray voir dans la suite, qu'en ce cas, l'une & l'autre differentielle se rapporte à la rectification des sections coniques ; mais je me contenteray de faire voir pour le présent, que la differentielle $\frac{du\sqrt{u}}{\sqrt{(k+lu+mu^2+nu^3)}}$ peut se réduire à une autre qui dépende de la quadrature d'une courbe du 3e ordre. Pour le démontrer, soient $au+b$, $cu+e$, $gu+f$, les trois racines de $k+lu+mu^2+nu^3$, dont deux peuvent être imaginaires ; la condition de $4ln = mm$, donnera $2baecgg+2bfccag+2faacge = bbccgg+aaeegg+ffaacc$. Faisons maintenant $au+b=x$, la differentielle proposée se changera en

$$\frac{xdx-bdx}{\sqrt{a}.\sqrt{x}.\sqrt{(x-b)}.\left(\frac{cx-cb+ae}{a}\right).\left(\frac{gx-gb+af}{a}\right)}.$$

Or la seconde partie

$$\frac{-bdx}{\sqrt{x}\sqrt{(ax-ab)}\ \sqrt{\left(\frac{cx-cb+ae}{a}\right)}-\left(\frac{gx-gb+af}{a}\right)},$$

s'integre par des arcs de sections coniques, en faisant $x=z^{-1}$: à l'égard de la premiére partie, elle s'integrera par le Probleme précedent, pourvu que $3ccggbb-2baecgg-2afccbg$ ne soit point $=aaeegg-2aaegfc+aaffcc$. Or cette équation étant combinée avec l'équation $2baecgg+2bfccag+2faacge = bbccqq+aaeegg+ffaacc$ donne $ccggbb-aebcgg-bccagf=0$. d'où l'on tire $cbg=0$, ou $cgb-aeg-acf=0$ dans le 1er. cas on aura $k=0$ ou $n=0$, & la differentielle proposée se reduira à des logarithmes ou à des arcs de cercle, ou à des arcs de sections

ſections coniques ; dans le ſecond cas on aura $cgb = aeg + acf$ & $ggccbb + aaeegg + aaccff = 2ggbcae + 2ccafgb - 2aaeg$ cf ; & cette équation étant combinée avec la premiére équation, qui réſulte de la condition $4\,ln = mm$, on aura $aaegcf = o$; donc a ou g ou e, ou c, ou $f = o$, & par conſéquent on a encore $k = o$ ou $n = o$ & la propoſée ſe réduit à des logarithmes, ou à des arcs de cercle, ou à des arcs de ſections coniques. Donc ſi $4\,ln = mm$, on pourra toujours réduire la differentielle propoſée à la quadrature d'une courbe du 3. ordre, à moins que $3\,ccggbb - 2baecgg - 2$ $faccbg$ ne ſoit $= aaeegg - 2aaeefc + aaffcc$, auquel cas elle s'integrera par des arcs de ſections coniques, c'eſt à dire par des arcs, de cercle, ou de parabole, ou d'ellipſe, ou d'hyperbole.

Remarque II.

IX. Je n'ai pu parvenir jusqu' à préſent à m'aſſurer, ſi la differentielle $\frac{du\sqrt{u}}{\sqrt{(k+lu+mu^2+nu^3)}}$ pouvoit en général ſe réduire à des arcs de ſections coniques ; mais j'ai trouvé un trés grand nombre de cas où elle peut en effet s'y réduire, & je crois qu'il ne ſera pas inutile d'en parler icy.

En prémier lieu, je dis que ſi $4\,ln = mm$, la differentielle eſt toujours réductible à des arcs de ſections coniques. Pour le démontrer, je remarque que ſuivant les calculs de l'art. 7 on a

$\int\frac{du\sqrt{u}}{\sqrt{(k+lu+mu^2+nu^3)}}$ egal à une fraction dont le denominateur eſt $\frac{mm}{8n} - \frac{l}{2}$ & dont le numerateur eſt

$$\frac{\int du\sqrt{(k+lu+mu^2+nu^3)}}{\sqrt{u}} + V' + \frac{\int\left(k-\frac{kn}{4m}\right)u^{-\frac{1}{2}}du + \frac{kmu^{-\frac{1}{2}}du}{4n}}{\sqrt{(k+lu+mu^2+nu^3)}}$$

V' marquant une fonction finie de n, & lorsque $mm = 4\,ln$, le numerateur & le denominateur de cette fraction deviennent égaux à zero. Il faut donc pour avoir alors la valeur de cette fraction, en differentier le haut & le bas suivant les regles connuës, en faisant varier une des quantités $l, m, n,$ à volonté, par exemple l & faisant tout le reste constant. Or en faisant cette differentiation, ou aura suivant les regles connuës des Geometres, la difference de $\frac{mm}{8n} - \frac{l}{2} = -\frac{dl}{2}$ celle de $\int \frac{du\,V(k + lu + mu^2 + nu^3)}{Vu} = dl \int \frac{du\,V\,u}{2V(k + lu + mu^2 + nu^3)}$ celle de $V' = V''\,dl$, V'' exprimant une fonction finie de u, & enfin celle du terme suivant $= -\frac{dl}{2} \int \frac{\frac{3k}{4} u^{\frac{1}{2}} du + \frac{km}{4n} u^{-\frac{1}{2}} du}{(k + lu + mu^2 + nu^3)^{\frac{3}{2}}}$ laquelle se réduira aisement à des arcs de sections coniques en faisant $u = z^{-1}$. On aura donc

$$\int \frac{du\,V\,u}{V(k + lu + mu^2 + nu^3)} = \frac{\phi dl + dl \int \frac{du\,Vu}{2V(k + lu + mu^2 + nu^3)}}{-\frac{dl}{2}},$$

ϕ étant une quantité en partie integrable, & en partie réductible à des arcs de sections coniques donc $\int \frac{du\,V\,u}{V(k + lu + mu^2 + nu^3)} = -\frac{\phi}{2}$ donc &c. Ce q. f. D.

RE-

REMARQUE III.

X. Nous avons fait voir dans l'art. 8 que la differentielle $\frac{du\sqrt{u}}{\sqrt{(k+lu+mu^2+nu^3)}}$ ou $\frac{du\sqrt{u}}{\sqrt{(au+b)}.\sqrt{(cu+e)(gu+f)}}$ ſe réduiſoit à la differentielle

$$\frac{dx\sqrt{x}}{\sqrt{(ax-ab)}.\sqrt{\left(\frac{cx-cb+ae}{a}\right)\left(\frac{gx-gb+af}{a}\right)}}.$$

Or la Iere. differentielle eſt réductible à des arcs de ſections coniques (art. 8 & 9) lorsque $2baecgg+2bfccag+2faacge=bbccgg+aaeegg+aaffcc$ ..... (A). Donc ſi on fait $-ab=b'$, $\frac{c}{a}=c'$, $-\frac{cb+ae}{a}=e'$, $\frac{g}{a}=e'$, $\frac{-gb+af}{a}=f'$, la II^de. & la Iere. differentielle ſe réduiront à des arcs de ſections coniques, toutes les fois que $2b'a'e'c'g'g'+2b'f'c'c'a'g'+2f'a'a'c'g'e'=b'b'c'c'g'g'+a'a'e'e'g'g'+a'a'f'f'c'c'$; c'eſt à dire toutes les fois que $2baecgg+2aecgg+2afbecg-2aaeegfc$ ſera $=3ccbbgg-aaeegg-aaffcc$.

De plus on a vu cy-deſſus que $\frac{du\sqrt{u}}{\sqrt{(k+nu^3)}}$ étoit toujours réductible à des arcs de ſections coniques ; d'où il s'enſuit que chacune des deux differentielles precedentes eſt réductible à des arcs de ſections coniques toutes les fois que l'on a $-3cbg+aeg+afc=0$ & $-3bbcg-2aebg-2afcb+aafe=0$; ou $-3c'b'g'+a'e'g'+a'e'g'+a'f'c'=0$ & $-3b'b'c'g'-2a'e'b'g'-2a'f'c'b'+a'a'f'e'=0$.

REMARQUE IV.

XI. On peut encore trouver beaucoup d'autres cas, où la differentielle $\frac{du\sqrt{u}}{\sqrt{(au+b)}\sqrt{(cu+e)(gu+f)}}$ eſt réductible à des

des arcs de ſections coniques. Pour les déterminer, je me propoſe, au lieu de cette differentielle, celle-cy qui revient au même (art. 7)

$$\frac{dx\sqrt{x}}{x\sqrt{(mx+n)}.\sqrt{(a+bx+cxx)}},$$ & que j'ecris ainſy

$$\frac{-m\,dx}{n\sqrt{(mx+n)}.\sqrt{(a+bx+cxx)}}+\frac{\sqrt{(mx+n)}.\,dx}{nx.\sqrt{(a+bx+cxx)}}$$

& dont la première partie s'integre par des arcs de ſections coniques. Pour integrer la ſeconde, je fais $\frac{mx+n}{(a+bx+cxx)}=\frac{1}{Bz+\frac{a}{n}}$; je tire de cette équation $x=-\frac{b}{2c}+\frac{am}{2nc}$

$$+\frac{Bmz}{2c}\pm\sqrt{\frac{(nb-am)^2}{4nncc}+\frac{Bmz(am-bn)}{2ncc}+\frac{BBmmzz}{4cc}};$$
$$+\frac{nBz}{c}$$

ſubſtituant une de ces valeurs de x dans la difference propoſée, & multipliant le haut & le bas de la fraction par l'autre valeur de x, on aura une transformée, dont une partie des termes s'integrera par des arcs de ſections coniques, & l'autre ſe réduira à l'integration de la differentielle ſuivante

$$\frac{(bn-am)\,dz}{\frac{nBz}{c}\sqrt{(Bz+\frac{a}{n})}\sqrt{\frac{(bn-am)^2+2Bmnz(am-bn)+4n^3cBz+BBmmzz}{4nncc}}}$$

Je ſuppoſe pour abreger $B=m'$, $\frac{a}{n}=n'$, $\frac{(bn-am)^2}{4nncc}=a'$,

$\frac{2mm'n(am-bn)+4n^3cm'}{4nncc}=b'$, $\frac{m'm'mmnn}{4nncc}=c'$; & il

eſt

est evident que la differentielle proposée $\frac{dx}{xV(mx+n).V(a+bx+cxx)}$ se réduira à la differentielle $\frac{dz}{zV(m'z+n').V(a'+b'z+c'zz)}$.
De même en faisant $\frac{a'}{n'} = n''$, $\frac{(b'n'-a'm')^2}{4n'n'c'c'} = a''$. &c. cette derniére differentielle se reduira à la differentielle $\frac{dz}{zV(m''z+n'').V(a''+b''z+c''zz)}$; & ainsy de suite; d'où il résulte que la differentielle proposée sera intégrable par des arcs de sections coniques, toutes les fois qu'une des differentielles transformées le sera.

Or I°. les differentielles transformées seront réductibles à des arcs de sections coniques, toutes les fois que a', a'', a''' &c. seront égaux à zero. Ainsy pour avoir les cas où la proposée est réductible à des arcs de sections coniques, il faut d'abord supposer $a' = o$, c'est à dire $bn - am = n$, ensuite $b'n' - a'm' = o$, & substituer dans cette derniére équation les valeurs de b', n', a', m' en m, n, a, b, c, ce qui donnera une nouvelle équation: pour en avoir une troisiéme, en substituant dans cette derniére m', ou sa valeur à la place de m, n' à la place de n, a' à la place de a &c. Ainsy pour avoir en général toutes les équations que ce cas peut fournir, il faudra prendre pour premiére équation $a = o$; d'où l'on tirera une seconde équation en mettant $(bn - am)^2$ au lieu de a; & cette seconde en donnera un troisiéme, en y substituant $(bn - am)^2$ au lieu de a, $\frac{a}{n}$ au lieu de n, m' à la place de m (& cette derniére quantité disparoitra toujours) $m'm'mm$ nn à la place de c & $2m'mn(am-bn) + 4nncm'$ à la place de b. &c.

II°. La differentielle transformée $\frac{dz}{zV(zm'+n').V(a'+b'z+c'zz)}$

 est

eſt réductible à des arcs de ſections coniques, lorsque le produit de $m' z + n'$ par $a' + b' z + c' zz$ n'a que deux termes $A + Bz^3$ ce qui donne deux équations entre les coëfficiens m', n', a', b', c', & ces deux équations en donneront pluſieurs autres, en ſubſtituant au lieu de m', n', a', b', c', leurs valeurs, comme on a fait dans l'art. precedent.

III°. La transformée eſt integrable par des logarithmes, ou des arcs de cercle, lorsque le produit de $m' z + n'$ par $a' + b' z + c' zz$ a deux racines égales, & cette condition fournit encore de nouvelles équations.

IV°. Enfin ſi on fait $z = u^{-1}$ on trouvera encore (art. 10) d'autres cas où la transformée ſera integrable, & d'où l'on tirera encore des équations de condition entre les coëfficiens a, b, c &c.

REMARQUE V.

XII. Reciproquement, ſi la differentielle propoſée eſt integrable par des arcs de ſections coniques, toutes ſes transformées le ſeront auſſy; de ſorte que ſi on a une differentielle $\frac{dx}{x\sqrt{(Mx+N)}.\sqrt{(A+Bx+Cxx)}}$, & qu'on faſſe $\frac{a}{n} = N$, $\frac{(bn-am)^2}{4n^2c^2} = A$, $\frac{2mMn(am-bn)+4n^3cM}{4n^2c^2} = B$, $\frac{m^2M^2n^2}{4n^2c^2} = C$, l'integration de la differentielle propoſée ſe reduira à celle de la differentielle $\frac{dx}{x\sqrt{(mx+n)}.\sqrt{(a+bx+cxx)}}$, c'eſt à dire de la differentielle

$$\frac{dx}{x\sqrt{\left(n\frac{+2nx\sqrt{C}.}{B-2\sqrt{CA}}\right)}\sqrt{\left(nN+2nx\sqrt{C}\left(\frac{N\sqrt{C}+M\sqrt{A}}{B-2\sqrt{CA}}\right)+\frac{nMxx}{B-2\sqrt{CA}}\right)}}$$

ainſy la differentielle propoſée ſera integrable toutes les fois que cette

dernière

derniére le sera ; ce qui donnera encore de nouvelles équations de condition entre les coëfficiens A, B, C, M, N; & chacune de ces équations en donnera plusieurs autres, en substituant successivement n à la place de N, $\frac{2n\sqrt{C}}{B-2\sqrt{CA}}$ à la place de M, n N à la place de A &c.

REMARQUE VI.

XIII. On voit par là qu'en combinant ensemble les differentes transformations dont la differentielle $\frac{dx}{x\sqrt{(mx+n)}.\sqrt{(a+bx+xx)}}$ est susceptible, & les differens cas dans lesquels cette differentielle ou ses trans formées sont réductibles à des arcs de sections coniques, on trouvera un grand nombre d'équations de condition entre les coëfficiens a, b, c, m, n; qui rendront la differentielle integrable par des arcs de sections coniques ; & si la proposée étoit donnée sous la forme $\frac{dx}{x\sqrt{(p+qx+rxx+sx^3)}}$. Il faudroit mettre dans les équations de condition, au lieu de $m, n, a,$ &c. leurs valeurs en $p, q, r,$ &c. qu'on trouveroit facilement. Mais en voilà assés sur cette recherche, que je laisse à d'autres à pousser plus loin.

REMARQUE VII.

14. De plus si $a \pm bx + cxx$ a ses racines imaginaires, ce qui n'arrivera que quand a & c seront positifs & que b b sera $< 4ac$ on pourra toujours transformer la differentielle proposée en d'autres de même forme, & dans les quelles les racines du binome seront réelles. Pour cela il suffira de supposer $x \pm \frac{b}{2c} = z$ & $z + \sqrt{(zz + \frac{a}{c} - \frac{bb}{4cc})} = e$; ou (si on a $-bx$ & que $\frac{b}{2c}$ soit $> x$) $\frac{b}{2c} - x = z$

&$\sqrt{(zz}$

& $\sqrt{(zz+\frac{a}{c}-\frac{bb}{4cc})}-z=u$. Ainſy quand je diray dans la ſuite qu'une differentielle eſt réductible à la quadrature des courbes du IIIe. ordre, j'entendray toujours les courbes qui ont pour équation $xyy=p+qx+rx^2+sx^3$, le ſecond membre ayant toutes ſes racines réelles.

PROBLEME III.

XV. *Trouver l'intégrale de* $(Kx+c)^{p}\cdot(f+gx)^{\frac{n}{2}}dx(a+bx+cxx)^{\frac{m}{2}}$ p, n, m, *exprimant des nombres éntiers poſitifs ou negatifs.*

I^{o}. Si p eſt un nombre éntier negatif, on pourra toujours (en faiſant $f+gx=z$) changer la propoſée en une quantité dont chaque terme aura cette forme $\frac{qz^{k}dz}{(hz+e)^{p}\cdot z^{\frac{r}{2}}(a+\beta z+\delta zz)^{\frac{s}{2}}}$; on diviſera z^{k} par $(bz+e)^{p}$ tant que cela ſe pourra faire, & chacune des parties du quotient etant multipliée par $\frac{dz}{z^{\frac{r}{2}}(a+\beta x+\delta zz)^{\frac{s}{2}}}$ s'integrera par des arcs de ſections coniques.

II°. Lors qu'on ſera enfin parvenu à avoir $k<p$, on commencera par mettre la quantité reſtante ſous cette forme,

$\frac{qz^{k}\cdot z^{\frac{s}{2}}dz}{(hz+e)^{p}\cdot z^{\frac{r+s}{2}}(a+\beta z+\delta zz)^{\frac{s}{2}}}$ & enſuite ſous celle-cy

$$\frac{Pdz\cdot z^{\frac{s}{2}}}{(hz+e)^{p}(a+\beta z+\delta zz)^{\frac{s}{2}}}+\frac{Qdz\cdot z^{\frac{s}{2}}}{z^{\frac{r+s}{2}}(a+\beta z+\delta zz)^{\frac{s}{2}}}$$

P & Q

P & Q etant des fonctions de z, rationelles & sans diviseur. Cel posé, on remarquera que la II^de^. de ces deux quantités s'integre par des arcs de sections coniques, à l'egard de la Iere, on supposera

$$\frac{z}{a+\beta z+\delta z z}=\frac{1}{y}$$ d'où l'on tire $z = Ay + B \pm \sqrt{(G + (Ay+B)^2}$ ($\& \; bz + e = bAy + bB + e \pm b\sqrt{G + (Ay+B)^2}$) substituant ces valeurs, & multipliant le haut & le bas de tous les termes par $bAy + bB + e \mp b\sqrt{(G + (Ay+B)^2)}$ on aura une transformée, dont les termes les plus difficiles à integrer seront de cette

forme $$\frac{y^{\pm\frac{n}{2}}\,dy}{(Ky+H)^p\sqrt{(M+Ny+Ryy)}}$$, qu'on peut toujours

réduire à la forme $$\frac{u^{\frac{q}{2}}\,du}{(Pu+L)^p\sqrt{(D+Fu+Gu)^2}}$$, q étant un nombre entier positif, parceque si n est negatif, il n'y a qu'à faire $y = u^{-1}$ & qu'on aura pour transformée

$$\frac{R\,u^{\frac{n}{2}-1+p}\,du}{(Pu+L)^p\sqrt{(D+Fu+Gu)^2}}.$$

Pour trouver maintenant l'integrale de

$$\frac{y^{\frac{n}{2}}\,dy}{(Ky+H)^p\sqrt{(M+Ny+Ryy)}}$$, n & p étant des nombres entiers positifs, je suppose $Ky + H = t$ pour avoir une transformée de

cette

cette forme, $\frac{dt.(\gamma t+\varepsilon)^{\frac{n}{2}}}{t^{p}\sqrt{(\mu+\nu t+\omega tt)}}$ qui pourra encore être développée en differens termes de la forme $\frac{t^{\pm q}\,dt\sqrt{(\gamma t+\varepsilon)}}{\sqrt{(\mu+\nu t+\omega tt)}}$.

Or I°. si on a t^{q}, l'integrale n'a aucune difficulté, & se réduit à des arcs de sections coniques. II°. Si q est negatif, on multipliera le haut & le bas par $\sqrt{(\gamma t+\varepsilon)}$ pour avoir deux differentielles de cette forme, $\frac{dt}{t^{k}\sqrt{(a+bt+ct^{2}+t^{3})}}$ qui (art. 1. & suiv.) se réduiront à la quadrature d'une courbe du IIIe. ordre.

COROLL. I.

XVI. Donc le produit de $(f+gx)^{\frac{n}{2}}dx.(a+bx+cxx)^{\frac{m}{2}}$ (n & m étant des nombres entiers positifs ou negatifs) par une fonction rationelle quelconque de x, pourra s'integrer par le Problême precedent, pourvuque l'on puisse partager le dénominateur de la fonction (si elle est une fraction) en des quantités simples $(x+b)^{p}$, p étant un nombre entier quelconque, c'est à dire, pourvu que le denominateur de la fonction, s'il y en a un, ait toutes ses racines réelles.

COROLL. II.

XVII. Donc on pourra integrer encore par le Probleme precedent le produit de $dx(e+fx)^{\frac{n}{2}}.(g+kx)^{\frac{m}{2}}.(a+bx+cxx)^{\frac{t}{2}}$ par une fonction rationelle de x, qui ait les conditions marquées dans l'art. 16. Pour le bien voir, il n'y a qu'à écrire $(g+kx)^{\frac{m+n}{2}}$

(e+f

$\left(\frac{e+fx}{g+kx}\right)^{\frac{n}{r}}$ au lieu de $(e+fx)^{\frac{n}{r}}$ $(g+fx)^{\frac{m}{r}}$ & ſuppoſer en ſuite $\frac{e+fx}{g+kx}=z$.

COROLL. III.

XVIII. Le produit d'une fonction rationelle de x, qui ait toujours les mémes conditions, par $dx\,(a+bx+cxx)^{\pm\frac{m}{r}}$ $(e+fx+gxx)^{\pm\frac{n}{r}}$ peut toujours ſe développer en divers termes de cette forme

$$\frac{Kx^{q}\,dx}{(lx+n)^{r}\,(a+bx+cxx)^{\frac{q+s}{2}}\left(\frac{a+fx+gxx}{a+bx+cxx}\right)^{\frac{s}{r}}}=\frac{Q\,dx}{(lx+n)^{r}\left(\frac{e+fx+gxx}{a+bx+cxx}\right)^{\frac{s}{r}}}$$

$$+\frac{P\,dx}{(a+bx+cxx)^{\frac{q+s}{2}}\left(\frac{e+fx+gxx}{a+bx+cxx}\right)^{\frac{s}{r}}},$$ P & Q etant des fonctions de x rationnelles & ſans diviſeur.

Or ſi on fait $\frac{e+fx+gxx}{a+bx+cxx}=\phi+\frac{\gamma x+\delta}{a+bx+cxx}=\phi+\frac{1}{z}$, qu'on tire de la deux valeurs de x en z, & qu'aprés avoir ſubſtitué l'une de ces valeurs dans la differentielle donnée, on multiplie le haut & le bas par les valeurs de $(lx+n)^{r}$ & de $(a+bx+cxx)$ ou $(\gamma x+\delta)$ z qui réſulteroient de l'autre valeur de x, on aura une transformée, dont les differentes parties ſeront intégrables par le Corol. precedent.

REMARQUE I.

XIX. Il est presque inutile d'avertir qu'il y aura des cas, où par la destruction mutuelle des coëfficiens, les differentielles se réduiront à des arcs de sections coniques. On peut même démontrer qu'elles s'y réduiront toujours, lorsque la differentielle proposée sera

$$\frac{dx}{(a+bx+cxx)^{\frac{q}{2}}.(e+fx+gxx)^{\frac{s}{2}}}$$

; & comme la démonstration que nous avons à en donner, est assés singuliére, nous croyons devoir l'exposer icy avec quelque etenduë. Supposons d'abord que l'un des deux facteurs du dénominateur, par exemple $(a+bx+cxx)$ ait ses racines réelles, comme $mx+n$, $rx+p$, il est certain qu'en faisant $mx+n=z$ & $z=u^{-1}$, la differentielle proposée se changera en une autre de cette forme

$$\frac{u^{q+s-2}\,du}{(Au+B)^{\frac{q}{2}}(C+Du+Euu)^{\frac{s}{2}}}$$

qui sera réductible à des arcs de sections coniques.

Or si l'on fait $\frac{e+fx+gxx}{a+bx+cxx}=\phi+\frac{\gamma x+\delta}{a+bx+cxx}$ $=\phi+\frac{1}{z}=\phi+\frac{u}{m}$ on verra facilement par la methode du Corol. précedent que la differentielle proposée se réduira à l'integration de la differentielle

$$\frac{du}{uV(\phi\ \frac{u}{m})V(\frac{\gamma^2 m^2}{bb-4ac}+\frac{4c\delta mu-2b\gamma mnu}{bb-4ac}+u^2)}$$

ou à la rectification des sections coniques, si le coëfficient qui doit affecter cette derniere differentielle, est $=o$.

Cela

Cela posé, I°. si ce coëfficient est égal à zero, il le sera toujours, soit que $a + bx + cxx$ ait ses racines réelles, ou non: car la condition que $a + bx + cxx$ ait ses racines réelles, n'emporte aucune équation entre les coëfficiens a, b, c, mais seulement la condition que $bb > 4ac$, donc si le coëfficient est $= o$ dans le cas des racines réelles, cela ne vient point de ce que les coëfficiens ont entr'eux un certain rapport, mais de ce qu'ils se détruisent mutuellement dans le coëfficient. Donc ils se detruiront également, quand $a + bx + cxx$ aura ses racines imaginaires: donc la differentielle proposée sera integrable dans ce Ier. cas par des arcs de sections coniques, soit que les racines de $a + bx + cxx$ soient réelles, ou non.

II°. Si le coëfficient de la differentielle n'est pas $= o$, alors il sera toujours possible de réduire la differentielle ....

$$\frac{du}{u\sqrt{(\phi + \frac{u}{m})}.\sqrt{(\frac{\gamma^2 m^2}{bb - 4ac} + \frac{4c\delta mu - 2b\gamma mu}{bb - 4ac} + m^2)}}$$

à la rectification des sections coniques, & à l'integration de la differentielle ... $\frac{dx}{(a + bx + cxx)^{\frac{q}{2}} . (e + fx + gxx)^{\frac{s}{2}}}$, $a + bx + cxx$ ayant ses racines réelles, c'est à dire, qu'on pourra toujours réduire à la rectification des sections coniques toute differentielle

$\frac{du}{u\sqrt{(\phi + \frac{u}{m})}. \sqrt{(\alpha + \beta u + uu)}}$, α etant positif. [Il n'y auroit qu'un cas qui pût faire de la difficulté; ce seroit celuy où le coëfficient de la differentielle

$$\frac{du}{u\sqrt{(\phi + \frac{u}{m})}.\sqrt{(\frac{\gamma^2 m^2}{bb - 4ac} + \frac{4c\delta mu - 2b\gamma mu}{bb - 4ac} + u^2)}}.$$

seroit égal à zero, en vertu d'un certain rapport entre les coëfficiens a, b, c, γ, δ:

γ, δ: mais alors on prouveroit que la differencielle se réduiroit encore à des arcsde sections coniques, par une methode parfaitement semblable à celle par laquelle on a prouvé dans l'art. 9. cy-dessus que $\frac{du\sqrt{u}}{\sqrt{(k+lu+mu^2+nu^3)}}$ se réduisoit à des arcs de sections coniques, lorsque $4ln = mm$.]

III. Si la differentielle étoit $\frac{du}{u\sqrt{(\varphi+\frac{u}{m})}.\sqrt{(\pm A+Bu-uu)}}$ on commenceroit par supposer cette differentielle

$$= -\frac{du}{m\varphi\sqrt{(\varphi+\frac{u}{m})}.\sqrt{(-A+Bu-uu)}} + \frac{du\sqrt{(\varphi+\frac{u}{m})}}{\varphi u\sqrt{(-A+Bu-u^2)}};$$

dont la Iere. partie s'integre par des arcs de sections coniques, & dont la IIde. se réduit (en faisant $\frac{\varphi+\frac{u}{m}}{\pm A+Bu-u^2} = \frac{1}{Bz\pm\frac{A}{\varphi}}$) à des arcs de sections coniques, & à l'integration de la differentielle $\frac{dz}{z\sqrt{(Bz+\frac{A}{\varphi})}.\sqrt{(\alpha+\beta z+zz)}}$, α étant une quantité positive (art. 11). Or cette derniere differentielle se réduit (n. 2. art. pres.) à des arcs de sections coniques. Donc la differentielle $\frac{du}{u\sqrt{(\varphi+\frac{u}{m})}.\sqrt{(\pm A+Bu-uu)}}$ s'y réduira aussy.

IV. Or lorsque $a+bx+cxx$ a ses racines imaginaires, c'est à dire, lorsquè $bb < 4ac$, la differentielle

$$\frac{dx}{(a+bx+cxx)^{\frac{q}{2}}.(e+fx+gxx)^{\frac{s}{2}}}$$ se réduit à la differentielle

$$\frac{du}{2\sqrt{(\phi+\frac{u}{m})}.\sqrt{(\frac{\gamma^2\ m^2}{4ac-bb}-\frac{2b\gamma mu+4c\delta mu}{4ac-bb}-u^2)}}$$

c'est à dire $\frac{du}{2\sqrt{(\phi+\frac{u}{m})}.\sqrt{(\pm A+Bu-u^2)}}$. Donc la differentielle proposée se réduira à des arcs de sections coniques, même dans le cas ou $a+bx+cxx$ aura ses racines imaginaires. C.q.f.D.

Remarque II.

XX. Nous avons fait voir dans la seconde partie que lorsque $a+bx+cxx$ a ses racines réelles, la differentielle

$$\frac{(lx+n)^p\,dx}{(a+bx+cxx)^{\frac{q}{2}}(e+fx+gxx)^{\frac{s}{2}}}$$ se réduit à des arcs de sections coniques, pourvuque $q+s-2-p$ ne soit pas $< o$. Or on prouvera de la même maniére que dans l'article precedent, que cette même differentielle se reduit à des arcs de sections coniques, lorsque $a+bx+cxx$ a ses racines imaginaires.

Remarque III.

XXI. De plus, il est bon d'observer que si le coëfficient qui affecte la differentielle

$$\frac{du}{2\sqrt{(\phi+\frac{u}{m})}.\sqrt{(\frac{\gamma^2\ m^2}{bb-4ac}+\frac{4c\delta mu-2b\gamma mu}{bb-4ac}+u^2)}}$$

n'est pas égal à zero, on pourra, suivant la démonstration donnée dans

dans l'art. 19, réduire toujours à des arcs de sections coniques la différentielle $\frac{du}{u\sqrt{(Au+C)}.\sqrt{(B+Gu+Huu)}}$, A, C, B, G, H etant des quantités constantes quelconques ; & ainsy toutes les quantités que nous avons appris à réduire à la quadrature des courbes du III. ordre, se réduiroient à des arcs de sections coniques. Mais comme on ne peut s'assurer que par un calcul trés penible, si le coëfficient dont il s'agit est ègal à zero, ou s'il ne l'est pas? nous abandonnons cette recherche à d'autres, nous contentant d'indiquer icy l'utilité qu'on en pourroit tirer.

PROBLEME IV.

XXII. *Trouver la quadrature de toutes les courbes du 3. ordre.*

Une courbe quelconque du 3e. ordre etant donnée avec son équation rapportée à un axe quelconque, on commencera par changer les coordonnées, de maniére que son équation devienne une des quatre que M. *Newton* a assignées pour toutes les lignes de cet ordre ; & on aura pour l'élément de l'aire, $pydx$, en supposant que p soit le sinus des ordonnées y avec les abscisses x, en prenant y & x pour les coordonnées nouvelles. Or l'integrale de $pydx$ étant trouvée il n'y aura plus que des espaces rectilignes à ajouter ou à soustraire pour avoir l'aire rapportée aux coordonnées primitives: toute la difficulté se réduit donc à trouver l'integrale de ydx dans les quatre équations de M. *Newton*. Or la Ire. de ces équations donne $ydx =$

$$-\frac{edx}{2x} \pm \frac{dx}{2x}.\sqrt{(4ax^4+4bx^3+4cx^2+4\delta x+ee)}$$

qui s'integre par l'art. 18. La IIde. & la IIIe. donnent $ydxx = \frac{dx}{x}(ax^3+bx^2+cx+\delta)$ & $ydx = (ax^3+bx^2+cx+\delta)dx$; ce qui n'a aucune difficulté.

Enfin la IV. donne ydx &c. $= dx\sqrt{(a+bx+cx^2+ex^3)}$ qui s'integre par des arcs de sections coniques.

Donc

Donc toutes les lignes du 3e. ordre sont quarrables, ou absolument, ou par logarithmes, ou par des arcs de sections coniques, ou enfin par la quadrature de la courbe, qui a pour équation $xyy = a + bx + cx^2 + fx^3$, le II. membre ayant toutes ses racines réelles.

COROLLAIRE.

XXIII. Si on propose d'integrer $(bx+l)^p\, dx\, (a + bx + cx^2 + ex^3)^{\frac{\pm n}{3}}$, p étant un nombre entier positif, & n un nombre entier, cette differentielle sera toujours integrable par la quadrature d'une courbe du IIIe. ordre. Car soit $x = qu + ry + a'$ & $\sqrt[3]{(a + bx + cx^2 + ex^3)} = b' + ku + my$, a', b', k, m, r, q, étant des constantes indeterminées, il est certain qu'on aura une transformée en u & en y, qu'on pourra toujours réduire à l'une des 4 équations de M. *Newton*, puisque $\sqrt[3]{(a + bx + cx^2 + ex^3)}$ est l'ordonnée d'une courbe du IIIe. ordre dont x est l'abscisse. On aura donc une valeur de x en u ou en y, qui étant substituée dans la differentielle proposée, la rendra integrable par l'art. 18.

Si l étoit $= o$, & que p fut negatif, on pourroit encore se servir alors de la même methode, pourvuque $p - 2 \mp n$ ne fut pas plus petit que zero.

On pourra de même réduire à la quadrature d'une courbe du IIIe. ordre $(bx+l)^p\, dx.\, Y^n$, Y étant l'ordonnée d'une courbe quelconque du IIIe. ordre, & n, p, des nombres entiers positifs.

REMARQUE I.

XXIV. Il y a encore d'autres differentielles plus compliquées, qu'on peut, du moins en certains cas, réduire à la quadrature des courbes du IIIe. ordre. Par exemple si on a la differentielle $P\,dx$. $(a +$

$(a+bx+cxx)^{\pm\frac{n}{2}}.(e+fx+gxx)^{\pm\frac{m}{2}}$, P étant une fonction rationelle de x, on pourra toujours, en suivant la methode de l'art. 18. réduire cette differentielle en differens termes, dont les plus compliqués seront de la forme

$$\frac{z^k dz}{(zz+pz+q)^r} \cdot \frac{\sqrt{z}}{\sqrt{(\alpha+\varepsilon z+\delta zz)}}.$$ Or faisant $\frac{z}{\sqrt{(\alpha+\varepsilon z+\delta zz)}} = -\frac{1}{u}$

on aura $zz+pz+q = zu - \frac{\varepsilon z}{\delta} + pz - \frac{\alpha}{\delta} + q$; & $z = \frac{u-\varepsilon}{2\delta} \pm \sqrt{(-\frac{\alpha}{\delta} + \frac{(u-\varepsilon)^2}{4\delta\delta})}$. D'où l'on conclura aisement que si $q = \frac{\alpha}{\delta}$, la proposée est réductible à la quadrature d'une courbe du IIIe. ordre, parcequ'on peut alors réduire $zu - \frac{\varepsilon z}{\delta} + pz$ en diviseurs simples z, & $u - \frac{\varepsilon}{\delta} + p$.

REMARQUE II.

XXV. Toutes les differentielles que nous avons appris à integrer dans les trois differentes parties de ces recherches, soit par logarithmes, soit par des arcs de sections coniques, soit enfin par la quadrature des courbes du IIIe. ordre, pourroient encore s'integrer par les mêmes methodes, si on y substituoit $nx^{n-1}dx$ au lieu de dx, & x^n au lieu de x.

QUA-

QUATRIE'ME PARTIE

METHODES POUR INTEGRER QUELQUES EQUATIONS DIFFERENTIELLES.

Je suppoſerai toujours dans les propoſitions ſuivantes $z = \frac{dx}{dy}$, $u = \frac{dz}{dy}$, ou $\frac{ddx}{dy^2}$, $k = \frac{du}{dy}$ ou $\frac{d^3x}{dy^3}$ &c.

PROBLÈME I.

XXVI. *Trouver l'integrale d'une équation differentielle qui renferme telles fonctions qu'on voudra de* d x & *de* d y, *& dans laquelle* x & y *se trouvent, pourvu qu'ils ne soient ny multipliés ou diviſés l'un par l'autre, ny elevés à aucune puiſſance plus grande que l'unité.*

Il eſt viſible que ces ſortes d'équations pourront toujours être repréſentées par la formule $x = y\,\varphi\,z + \Delta\,z$, $\varphi\,z$ & $\Delta\,z$ marquant des fonctions quelconques de z, c'eſt à dire de $\frac{dx}{dy}$. Or differentiant cette formule, & mettant pour dx ſa valeur $z\,dy$ on aura $z\,dy = dy\,\varphi\,z + y\,d(\varphi\,z) + d(\Delta\,z)$ équation; d'où l'on tirera facilement la valeur de y en z, & par conſéquent auſſi celle de x, puiſque $x = \int z\,dy$.

COROLL. I.

XXVII. On prouvera de la même maniere que l'on peut integrer toute équation réductible à la forme $z = y\,\varphi\,u + \Delta\,u$, ou $u = y\,\varphi\,k + \Delta\,k$ &c. d'où il s'enſuit qu'en général toute équation qui renfermera y & $d^n x$ lineaires, avec telle fonction qu'on voudra de $d^{n+1} x$ & de $d\,y$, ſera integrable par la methode du preſent probleme.

CO-

Coroll. I.

XXVIII. Si $x = y\,\varphi\,z$, c'est le cas des équations homogenes connu depuis longtems.

Si $x = yz + \Delta z$, l'equation appartient alors en même tems à une ligne droite, & à une ligne courbe. Car la differentiation donne $(y + \Gamma z)\,dz = o$, d'où l'on tire, ou bien $dz = o$ qui appartient à une ligne droite, ou $y = -\Gamma z$ qui est à une ligne courbe.

On peut aussi observer en passant que l'équation $dx + \frac{ax + by + c}{gx + hy + f}\,dy = o$, sur laquelle plusieurs Geometres se sont exercés, est un cas particulier de notre Probléme.

Probleme II.

XXIX. *Trouver les conditions d'integrabilité de l'équation* $x^m y^n z^r = \varphi(x^q y^s z^t)$ *dans laquelle* m, n, r, q, s, t, *marquent des nombres quelconques, &* $\varphi(x^q y^s z^t)$ *une fonction quelconque de* $x^q y^s t$.

On supposera $x^q y^s z^t = u$, ce qui donnera $x = u^{\frac{1}{q}} y^{\frac{-s}{q}} z^{\frac{-t}{q}}$ & $x = (\varphi u)^{\frac{1}{m}} y^{\frac{-n}{m}} z^{\frac{-r}{m}}$; d'où l'on tire $y = (\varphi u)^{\frac{q}{qn-ms}} u^{\frac{-m}{qn-ms}} z^{\frac{-rq+tm}{nq-ms}}$ & $x = (\varphi u)^{\frac{-s}{nq-ms}} u^{\frac{n}{nq-ms}} z^{\frac{rs-nt}{nq-ms}}$: or $dx = z\,dy$. C'est pourquoy si on substituë les valeurs de dx & de dy dans cette derniére équation, on trouvera qu'elle est integrable dans tous les cas suivants, sçavoir I°. $tm - rq = o$. II°.

II. $rs - nt = o$. III°. $1 + \frac{tm - rq}{nq - ms} = \frac{rs - nt}{nq - ms}$; c'eſt àdire $nq - ms + tm - rq = rs - nt$.

Scolie I.

XXX. Il eſt à remarquer qu'on ne retrouveroit que les mêmes équations de condition, ſoit qu'on tirât de l'équation differentielle donnée, les valeurs de y & de z, ou de x & de z.

De plus on obſervera que la Ire. équation $tm - rq = o$, donne $x^m z^r y^n = \varphi(y^s x^{pm} z^{pr})$ & qu'ainſi on a $x^m z^r = \Delta y^s$ ce qui donne une équation facile à integrer. Mais la Methode que nous propoſons icy, a cét avantage, qu'elle donne le moyen d'integrer ces ſortes d'équations differentielles, ſans chercher la valeur de $x^m z^r$ en y, ce qui ſeroit ſouvent impoſſible de trouver. Il en eſt de même du cas où $rs - nt = o$, qui donne $y^n z^r$ égale à une fonction de x.

Scolie II.

XXXI. Si $nq - ms = o$, on aura pour lors $x = u^{\frac{1}{q}} y^{\frac{-s}{q}} z^{\frac{-t}{q}}$ & $u^{\frac{m}{q}} z^{r - \frac{tm}{q}} = \varphi u$; & l'équation propoſée ſera integrable dans le cas où $-s = q$ & $n = -m$, ce qui revient au cas des équations homogenes.

Scolie III.

XXXII. Si on fait $t = o, r = 1$, on aura au lieu de la III. équation de condition $nq - ms = q + s$. Donc toute équation de cette forme $dx = x^p y^r dy\, \varphi(x^q y^s)$ ſera integrable ſi $-rq + ps = q + s$.

Par exemple l'équation $dx = \frac{ax}{y} dy\, \varphi(x^q y^s)$ eſt intégrable, parceque $-sq + ps = q + s$; de même l'équation $dx = dy \frac{\varphi(xy^s)}{y^{s+1}}$; & ainſy de pluſieurs autres ; le cas des équations homogenes eſt renfermé dans l'équation générale $-sq + qs = q + s$.

Scolie IV.

XXXIII. On peut déterminer par là les conditions d'integrabilité de l'équation $dx = ax^m y^n dy + px^e y^h dy + fx^g y^l dy +$ &c. car ſoit $x^b y^a = u$, a & b étant deux indeterminées, on aura une transformée integrable, toutes les fois que l'on aura $-\frac{a}{b} - 1 = -\frac{ma}{b} + n = -\frac{ea}{b} + h = -\frac{ga}{b} + l$ &c. c'eſt à dire lorsque l'on aura $\frac{n+1}{m-1} = \frac{h+1}{e-1} = \frac{l+1}{g-1}$ &c.

Scolie V.

XXXIV. Si dans toutes les équations précedentes, on met $\frac{d^n x}{dy^n}$ au lieu de x, & $\frac{d^{n+1} x}{dy^{n+1}}$ au lieu de z ou $\frac{dx}{dy}$, elles ſeront encore intégrables dans les mêmes cas qui ont été determinés art. 29 & ſuiv.

PRO-

PROBLEME III.

XXXV. *Trouver les conditions d'integrabilité de l'équation* $x = y^k z^r \varphi(y^p z^n) + \Delta(y^p z^n)$.

I°. Soit $y^p z^n = u$, on aura $z = u^{\frac{1}{n}} y^{\frac{-p}{n}}$ & $dx = u^{\frac{1}{n}} y^{\frac{-p}{n}} dy$; & enfin $y^k z^r = u^{\frac{r}{n}} y^{\frac{k-pr}{n}}$; d'où l'on voit que la proposée sera integrable si $-\frac{p}{n} + 1 = k - \frac{pr}{n}$.

II°. Si on fait encore $y^p z^n = v$, on aura $y = u^{\frac{1}{p}} z^{\frac{-n}{p}}$; d'où l'on voit que l'équation proposée sera integrable, si $-\frac{n}{p} + 1 = -\frac{nk}{p} + r$; ce qui revient à la condition précedente.

SCOLIE I.

XXXVI. Si l'on avoit $x = y^k z^r \varphi(y^p z^n) + y^{k'} z^{r'} \Delta(y^p z^n) + y^{k''} z^{r''} \Gamma(y^p z^n)$ &c. on trouveroit que cette équation seroit integrable, lorsque l'on auroit $\frac{p}{n} = \frac{k-1}{r-1} = \frac{k'-1}{r'-1} = \frac{k''-1}{r''-1}$ &c. ou bien lorsque k' & r', ou k'' & r'' &c. seroient égaux à zero.

SCOLIE II.

XXXVII. Si au lieu de x on met $\frac{d^n x}{dy^n}$, & au lieu de z, d^{n+1}

$d\frac{z^{n+1}}{n+1}$ dans les équations precedentes, elles seront encore inte-
dy
grables dans les mêmes conditions.

PROBLEME II.

XXXVIII. *Trouver l'integrale de l'équation* $x + Z + a = \frac{yyz\,dz}{2\,dZ} + \frac{z\,dZ}{2\,dz}$ (*a marquant une constante & Z une fonction de z*).

Je ne donne icy la solution de ce probleme, que parce qu'elle me conduira à des formules plus générales. On mettra donc l'équation proposée sous la forme suivante $x - yz + Z + a = (y - \frac{dZ}{dz})^2 \frac{z\,dz}{2\,dZ}$; d'où l'on tire $(y - \frac{dZ}{dz}) \cdot \sqrt{\frac{z\,dz}{2\,dZ}} = \sqrt{(x - yz + Z + a)}$; or on a $dx - z\,dy = 0$ & par conséquent $dx - z\,dy - y\,dz + dZ + y\,dz - dZ = 0$; & par conséquent $\frac{dx - z\,dy - y\,dz + dZ}{\sqrt{(x - yz + Z + a)}} = \frac{-dz\,(y - \frac{dZ}{dz})}{(y - \frac{dZ}{dz})\sqrt{\frac{z\,dz}{2\,dZ}}}$; dont l'integrale est $\sqrt{(x - yz + Z + a)} = \frac{1}{2}\int -dz\sqrt{\frac{2\,dZ}{z\,dz}}$: cette équation combinée avec l'équation donnée, on en tirera la valeur de x ou de y en z, & ensuite l'équation $dx = z\,dy$, donnera la valeur de y ou de x en z.

SCOLIE I.

XXXIX. Si on divise le premier membre $dx - z\,dy - y\,dz + dZ$ de l'équation differentielle par $\varphi\,(x - yz + Z + a)$, & le second mem-

membre $y\,dz - dx$ par la même quantité, on verra facilement que ce second membre, & par conséquent l'équation, est integrable, si $\frac{y\,dz - dZ}{\phi(x - yz + Z + a)}$ est égal à $dz\,\Delta z$; donc on pourra intégrer toutes les équations dans lesquelles $x - yz + Z + a$ est égale à une fonction de $(y - \frac{dZ}{dz}) \cdot \Gamma z$.

Si on fait $Z = o$, on aura $x - yz = \phi(y\,\Delta z)$, équation qui renferme comme un cas particulier le probleme proposé par Mons. *Bernoulli* en 1692, qui consistoit à trouver des courbes dans lesquelles la resecte $x - yz$ fût en raison donnée avec la tangente $y\sqrt{(zz+1)}$.

SCOLIE II.

XL. Nous remarquerons icy en passant à l'occasion de ce dernier probleme, que si on proposoit de trouver des courbes, dans lesquelles la resecte fut proportionelle au produit d'une puissance quelconque de l'abscisse par une fonction quelconque de l'ordonnée & par une fonction quelconque de l'abscisse, divisée par l'ordonnée, on auroit pour équation $dx - \frac{x\,dy}{y} = Y x^n\,dy \frac{x}{y}$, Y étant une fonction de y. Or cette équation peut s'integrer aisément en faisant $x = yu$. Il en est de même de l'équation

$$dx - \frac{x\,dy}{y} = \frac{dy\,\Delta \frac{x}{y}}{\Phi \frac{x}{y} + y^p \Gamma \frac{x}{y}}.$$

SCOLIE III.

XLI. Soit encore $dx - z\,dy = o$; on multipliera cette équation par X que je suppose être une fonction de x, & on aura $X\,dx - Xz\,dy - yX\,dz - zy\,dX + yX\,dz + zy\,dX = o$; multipliant en ensuite les quatre premiers membres par une fonction de leur integrale $\int X\,dx - yXz$, on trouvera que l'équation est integrable, si $\int X\,dx - yXz$ est égal à une fonction de $y \Delta Xz$. Ainsi l'équation $\int X\,dx = pyXz + qyX^n z^n + a$, p, q, & a étant des constantes, peut être integrée par ce Theorême, ainsy que plusieurs autres.

En général tout l'artifice de la methode que nous proposons icy pour découvrir des équations integrables, consiste à préparer l'équation $dx - z\,dy = o$, de telle maniére qu'on puisse la diviser en deux parties, dont l'une soit integrable, ou puisse au moins être renduë telle, & dont l'autre soit une differentielle exacte multipliée par quelque quantité que ce soit, ou au moins soit le produit d'une quantité quelconque, par une quantité infiniment petite, qui puisse être renduë aisément une differentielle exacte; aprés cette préparation, on multipliera la prémiere partie par une fonction de son integrale; & on supposera ensuite que le produit de cette fonction par la quantité qui multiplie la differentielle dans la IIde. partie, soit égal à une fonction de l'integrale de la differentielle contenuë dans la IIde. partie; par là on aura l'équation de condition, qui rend la proposée integrable.

De plus, au lieu d'écrire $dx - z\,dy = o$, on peut ecrire $dy - \frac{dx}{z} = o$, & mettant dans les équations de condition y pour x, x pour y, & $\frac{1}{z}$ pour z, on en trouvera de nouvelles. Par exemple $x - yz = \varphi(y \Delta z)$ donne $y - \frac{x}{z} = \varphi(x \Delta z)$ où $x - yz = z\,\varphi(x \Delta z)$ & ainsy des autres.

Enfin ces mêmes équations de condition auroient lieu, si à la place

place de x, on mettoit $\frac{d^n x}{dy^n}$ & à la place de z ou de $\frac{dx}{dy}$,

$\frac{d^{n+1} x}{(dy)^{n+1}}$.

PROBLEME V.

XLII. *On propose de trouver l'integrale des deux équations*

$$dx + (Cx + Dy)\,dt = 0$$
$$dy + (Kx + Ly)\,dt = 0.$$

On multipliera la II^de^ de ces équations par un coëfficient indéterminé v, ensuite on les ajoutera ensemble, ce qui donnera : $dx+vdy+dt\,((C+Kv)x+(D+Lv)y)=0$. Ensuite on fera en sorte que $(C+Kv)x+(D+Lv)y$ soit un multiple quelconque de $x+vy$, ce qui donnera $\frac{C+Kv}{1}=\frac{D+Lv}{v}$; équation d'où l'on tirera $v=-\frac{C+L}{2K}\pm\frac{\sqrt{((L-C)^2+4DK)}}{2K}$. On supposera ensuite $x+vy=u$, & l'on aura $du+(C+Kv)\,u\,dt=0$; dont l'integrale est $u=g\,e^{-(C+Kv)t}$, g étant une constante & e le nombre dont le logarithme est 1.

Cela posé soient p, p' les deux valeurs de, v, trouvées par l'équation précedente, & soit $x+py=u$, $x+p'y=u'$, on aura $u'=g'\,e^{-(C+Kp')t}$; $u=g\,e^{-(C+Kp)t}$; $y=\frac{u-u'}{p-p'}$:

$x=\frac{p'u-pu'}{p'-p}$; & on déterminera les constantes g & g' par les

valeurs

valeurs que x & y doivent avoir, lorsque t eſt $= o$, ou eſt égal à quelque grandeur connuë.

SCOLIE I.

XLIII. Cette ſolution ne peut ſouffrir de difficulté que dans le cas où l'équation $Kvv + Cv - Lv - D = o$ ne donne point deux valeurs de v, ce qui arrivera ſi $K = o$ ou $D = o$, & dans le cas où les deux valeurs de v ſont égales.

Or I°. ſi $D = o$, une des valeurs de v eſt $= o$, & l'autre eſt $= \frac{L - C}{K}$; c'eſt pourquoy il n'y aura qu'à ſuppoſer dans les formules précedentes $p' = o$ & l'on aura les valeurs de y & de x.

II°. Si $K = o$, au lieu de le ſuppoſer abſolument nul, on le ſuppoſera infiniment petit, ce qui revient au même, & alors l'une des valeurs de v ſera $\frac{D}{C - L}$ & l'autre ſera $\frac{L - C}{K}$; on aura donc $u = g e^{-(C + \frac{KD}{C - L})t} = g e^{-Ct}$; $u' = g' e^{-(Lt)}$

$$y = \frac{K(u - u')}{C - L}; \quad x = u - \frac{p u'}{p'} = u + \frac{D K u'}{(C - L)^2}.$$

III°. Enfin ſi les valeurs de p & de p' ſont égales, au lieu de les ſuppoſer telles, on ſuppoſera $p = a + \alpha$, $p' = a - \alpha$, α étant une quantité infiniment petite, & on aura $u = g e^{-(C + Ka)}$; $- Kg \alpha t e^{-(C + Ka)t}$; $u' = g e^{-(C + Ka)t} + Kg' \alpha t e^{-(C + Ka)t}$

$$y = \frac{u' - u}{2\alpha}; \quad x = \frac{a u - a u' - \alpha u - \alpha u'}{2 \alpha};$$ de ſorte que ſi $g = g'$, on a $y = - Kg t e^{-(C + Ka)t}$; & $x = - Kg t e^{-(C + Ka)t}$.

Sco-

SCOLIE II.

XLIV. Les methodes que je viens de donner dans le Scolie précedent pour trouver les valeurs de x & y, lorsque v n'a pas deux valeurs inégales, sont principalement remarquables par l'usage que nous en ferons dans des cas plus composés. Car on pourroit s'en passer icy, puisque K ou D étant $= o$, une des deux équations est integrable, & que l'integration de l'autre se reduit à l'integration de la formule $dz + bzdt + Tdt = o$, b étant une constante, & T une fonction de t; & si les deux valeurs de v sont égales, on prendra arbitrairement une de ces valeurs; & àprès avoir résolu l'équation $du = - dt(C + Kv)u$, on tirera de l'équation $x + vy = u$, une valeur de x ou de y en u, c'est à dire en t, & cette valeur étant mise dans une des deux équations données, on verra que son integration se réduit à celle de la formule $dz + bz\,dt + T\,dt = o$. On aura donc les valeurs de x & de y en t.

SCOLIE III.

XLV. Si les valeurs de v étoient imaginaires, le probleme se résoudroit toujours de la même maniére. Car les exponentielles imaginaires se réduiroient toujours à $A + B\sqrt{-1}$, A & B étant réelles, & si les valeurs de y & de x devoient être réelles, les imaginaires en disparoitroient. Voyez le Traité des Vents art. 79.

SCOLIE IV.

XLV. Si les équations proposées étoient

$$T'dx + T''dt(Cx + Dy) + \theta\,dt = o$$
$$T'dy + T''dt(Kx + Ly) + t\,dt = o$$

le probleme n'auroit gueres plus de difficulté; car T', T'', θ, t, étant des fonctions quelconques de t, on auroit, en suivant la même methode que dans l'art. 42, $T'du + T''u\,dt\ (C + Kv) + (\theta + tv)$ $dt = o$. Or cette équation s'integrera par des methodes connuës des Geometres.

SCOLIE V.

XLVII. Il n'est pas plus difficile de trouver l'integrale des équations

$$T' A\, dx + T' B\, dy + T'' dt (Cx + Dy) + \theta\, dt = o$$
$$T' F\, dx + T' G\, dy + T'' dt (Kx + Ly) + t\, dt = o$$

Car on peut trés aisément réduire ces équations à deux autres dont la Iere. ait $T'\, dx$ pour Ier. terme sans renfermer dy, & dont la II[de]. ait $T'\, dy$ pour Ier. terme, sans renfermer dx. Il est vray que cette réduction ne pourra se faire, lorsque $BF - AG$ sera $= o$; mais on remarquera que le probleme devient alors beaucoup plus simple. Car il se réduit alors à une équation finie

$$T'' dt (CFx + DFy) + F\theta\, dt = T'' dt (KAx + LAy) + t\, A dt$$

& à une des deux équations differentielles, qui s'integre par la formule $dz + bz\, dt + T\, dt = o$.

PROBLEME IV.

XLVIII. *On propose d'integrer les équations*

$$dx + (ax + by + cz)\, dt = o.$$
$$dy + (ex + fy + gz)\, dt = o.$$
$$dz + (hx + my + nz)\, dt = o.$$

On multipliera la seconde de ces équations par une indéterminée ν, la IIIe. par une indéterminée μ, & ensuite on les ajoutera ensemble; puis on supposera $a + e\nu + b\mu = \frac{b + f\nu + m\mu}{\nu} = \frac{c + g\nu + m\mu}{\mu}$; afin qu'en faisant $x + \nu y + \mu z = u$, on ait $du + (a + e\nu + b\mu)\, u\, dt = o$. Cela posé, on aura la valeur de μ en ν, & une équation du IIIe. degré, qui donnera trois valeurs de ν, que j'appelle p, p', p''. Or soient m, m', m'', les trois valeurs correspondantes de μ, on aura $x + py + mz = g\, E^{-t(a + ep + bm)}$, E étant le nombre dont le logarithme est l'unité; $x + p'y + m'z = g'\, E^{-t(a + ep' + bm')}$;

$x + p''$.

$x + p'' y + m'' z = g'' E^{-t(a + ep'' + bm'')}$; de ces trois équations on tirera les valeurs de x, y, z, & on déterminera les constantes g, g', g'' par les valeurs que doivent avoir x, y, z, lorsque $t = o$, ou est égal à une constante donnée.

SCOLIE I.

XLIX. Si l'équation en ν n'a pas trois racines inégales, on pourra toujours, pourvu que cette équation ait au moins une racine, réduire le probleme présent au cas de l'art. 47. car soit p la valeur de ν & m la valeur de μ, on fera $x + my + pz = g E^{-(a + ep + bm)t}$, & l'on réduira les trois équations données à deux, en faisant évanouïr par le moyen de cette dérniére équation une des indéterminées, par exemple z

Mais il peut se faire que l'équation en ν n'ait aucune racine, ce qui arrivera si les coëfficiens qui affectent les differentes puissances de ν sont égales à zero ; en ce cas si le terme tout connu de l'équation s'en va aussy, c'est une marque que l'on peut donner à ν telles valeurs qu'on voudra, & le probleme devient alors plus simple, si le terme tout connu de l'équation ne s'en va pas, on augmentera, ou on diminuera à volonté un des coëfficiens a, b, c, e, &c. d'une quantité infiniment petite pour retablir un des termes de l'équation, & on aura pour lors par la régle du Parallelogramme de Mons. *Newton* une valeur infinie de ν, qui servira à résoudre le probleme.

SCOLIE II.

L. Au reste sans réduire le probleme présent au cas de l'art. 49. on peut toujours supposer que toutes les valeurs de ν soient inégales. Il n'y a qu'à augmenter tous les coëfficiens a, b, c &c. d'une quantité infiniment petite α, ou seulement l'un de ces coëfficiens, alors on aura des valeurs de ν, toutes inégales entr'elles, & dans lesquelles entrera la quantité α, & ces valeurs étant substituées à la place de p, p', p'' &c. on aura aprés la fin du calcul des valeurs de x, y, z, dans lesquelles

quelles la quantité α ne se trouvera plus. Pour avoir ces valeurs de v, on se servira de la régle du Parallelogramme de Mons. *Newton*, ou de la régle pour trouver les tangentes aux points multiples des courbes. Car on peut regarder l'équation en v comme l'équation d'une courbe dont v est l'ordonnée, & dont une des constantes, par exemple a, considerée comme variable est l'abscisse ; or dans le cas présent cette courbe sera du III. degré ; & lorsque la valeur de a sera telle que pour une même abscisse on n'ait pas trois valeurs inégales de v, alors imaginant que l'abscisse a soit augmentée d'une quantité infiniment petite α, on doit trouver par les régles dont nous venons de parler trois valeurs differentes de v, répondantes à l'abscisse $a + \alpha$ ou $a - \alpha$; & il n'importe que deux ou plusieurs de ces valeurs soient imaginaires, pourvu qu'elles soient differentes entr'elles.

Scolie III.

LI. Il est facile d'integrer par ce probleme trois équations qui contiendront les indéterminées x, y, z, multipliées par des constantes, & par une fonction quelconque de t, avec leurs differences aussy multipliées par des constantes & par une fonction de t, & de plus un terme quelconque $t\,dt$, $\theta\,dt$, $\theta'\,dt$, qui ne renferme que des constantes avec t. Voyez les art. 46 & 47.

Scolie IV.

LII. Si avec les trois équations de l'art. 48, on en proposoit une IVe. il faudroit multiplier cette quatriéme par une nouvelle indéterminée π, & aprés avoir trouvé l'équation en v & l'équation qui donne la valeur de μ en v en mettant dans cette derniére π aulieu de μ, & au lieu de b, m, n, les coëfficiens qui leur répondroient dans la IV. équation, & réciproquement b, m, n, au lieu de ces coëfficiens ; aprés quoy on resoudroit le probleme par une methode entierement semblable à celle de l'art. 48.

Scolie V.

LII. De là & des articles précedens il est facile de conclure que si on a un nombre n d'équations differentielles qui renferment n indéterterminées, x, y, z, u, &c. multipliées par des constantes & par une même fonction de t, avec leurs differentielles $\frac{dx}{dt}$, $\frac{dy}{dt}$, $\frac{du}{dt}$, $\frac{dz}{dt}$, &c. aussy multipliées par des constantes & par une fonction de t, qui soit la même pour toutes, & de plus une fonction quelconque t, θ, θ' &c. de la variable t, on pourra toujours integrer ces équations par la methode que nous venons d'exposer.

Scolie VI.

LIII. Par la même raison, si on a un nombre p d'équations differentielles qui contiennent p variables x, y, z, u, &c. multipliées par des constantes & par une fonction quelconque T de t, avec leurs differences $\frac{dx}{dt}$, $\frac{dy}{dt}$ &c. aussy multipliées par des constantes & par T, & les differences secondes $\frac{ddx}{dt^2}$, $\frac{ddy}{dt^2}$, $\frac{ddz}{dt^2}$ &c. aussy multipliées par des constantes, & par T, & les differences troisiémes $\frac{d^3 x}{dt^3}$, $\frac{d^3 y}{dt^3}$ &c. aussy multipliées par T & par des constantes, & ainsy de suite, jusqu'aux differences $\frac{d^q x}{dt^q}$ &c. de tel degré q, qu'on voudra; & que de plus chacune de ces équations contienne, si l'on veut, une fonction quelconque t, θ, θ' &c. de la variable t, on pourra toujours les integrer par le scolie précedent. Car en faisant $d^{q-1} x = x' dt^{q-1}$; $d^{q-2} x = x'' dt^{q-2}$ &c. $d^{q-1} y = y' dt^{q-1}$; $d^{q-2} y = y'' dt^{q-2}$ &c. on changera les équations données en d'autres

équa-

équations qui feront au nombre de $p + p(q-1) = pq$, & qui ne contiendront que les indéterminées x, y, z, u &c. x', x'' &c. y', y'' &c. avec leurs I^{res}. differences feulement dx, dy, dz, &c. dx', dx'', &c. dy', dy'' &c. & ces équations s'integreront par l'art. 52.

SCOLIE VII.

LIV. On peut quelquefois abreger cette methode : par exemple, fi les équations données étoient

$$ddx + (Cx + Dy)dt^2 = o$$

$$ddy + (Kx + Ly)dt^2 = o$$

on les réduiroit, en fuivant la methode de l'art. 42, à l'équation $ddu + (C + Kv)u\,dt = o$, qui eft facile à integrer. De même fi on avoit les équations $d^4x + Mx\,dt^4 = o$, $ddu + (Fx + Gu)dt^2 = o$, on les changeroit, en fuppofant $ddx = p\,dt^2$, dans les trois équations $ddx = p\,dt^2$, $ddp = -Mx\,dt^2$, & $ddu + (Fx + Gu)dt^2 = o$ qui par la methode de l'art. 48 fe réduiroient à une équation de cette forme $ddx + Kx\,dt^2 = o$.

SCOLIE VIII.

LV. On pourroit auffy integrer les équations dont nous avons parlé depuis l'art. 42, par une autre methode qui revient au même dans le fond, que celle que nous avons deja expofée. Pour en donner une idée, foit fuppofée dans l'art. 42. $x = mu + nz$, $y = pu + qz$, m & n étant deux indeterminées ainfy que p & q, on aura $m\,du + n\,dz + dt((Cm + Dp)u + (Cn + Dq)z) = o$. & $p\,du + q\,dz + dt((Km + Lp)u + (Kn + Lq)z) = o$. Or faifant $m = 1$ & $p = 1$ & fuppofant deplus $\frac{Cn + Dq}{n} = \frac{C + D}{1}$; & $\frac{Kn + Lq}{q} = \frac{K + L}{1}$ on déterminera n & q à être telles que les deux transformées fe réduifent chacune à une differentielle de cette forme $ds + Ns\,dt = o$: mais la methode que j'ay donnée dans les articles précedens paroit encore plus fimple, & j'ai cru devoir l'expliquer le plus fuccinctement qu'il m'a été poffible, à caufe de l'utilité dont elle peut être non feulement

lement dans l'Analyse, mais encore dans plusieurs problemes Physico-mathematiques. J'en avois même deja donné quelque idée dans l'art. 101. de mon Traité de Dynamique, que dans l'art. 79 de mon Traité des vents : j'espere donc que les Geometres pourront tirer quelque utilité de mon traivail, & que les differentes branches de cette methode seront même applicables à d'autres Problemes. Je me contenterai d'en donner un exemple ; on sçait que l'integrale de $\frac{dx}{(x+a).(x+b)}$ est $\frac{1}{b-a}$ Log. $\frac{x+a}{x+b}$; & lorsque $x+a = x+b$, c'est à dire lorsque $b=a$, cette integrale devient $\frac{0}{0}$. Pour la determiner je suppose $b=a+\alpha$; & j'ay $\frac{1}{\alpha}$ Log. $\left(1-\frac{\alpha(x+a)}{(x+a)^2}\right) = -\frac{1}{x+a}$, comme elle est en effet. C'est encore par une methode à peu prés semblable que j'ay déterminé cy-dessus l'integrale de $\frac{dx\sqrt{x}}{\sqrt{(k+lx+mx^2+nx^3)}}$ dans le cas où $4ln=mm$.

ce 13 Avril 1747.

EXTRAIT

D'UNE LETTRE DE Mr. *DALEMBERT* A Mr. DE *MAUPERTUIS.*

du 16. Nov. 1750.

C'*est sans doute par inadvertance, Monsieur, que* Mr. EULER *m'a fait l'honneur de me citer dans vos Mémoires de* 1741. p. 197. *comme Auteur d'un Theoreme sur les Equations differentielles à trois variables, que je n'ay jamais prétendu m'approprier, & dont je n'ay même fait mention jusqu'icy dans aucun de mes Ouvrages; ce Theoreme appartient à Mr.* FONTAINE, *ainsi qu'un grand nombre d'autres découvertes sur la même matiere, qu'il seroit à souhaiter que l'Auteur publiât.* Je suis &c.

ADDITION
AU MEMOIRE SUR LA COURBE QUE FORME UNE CORDE TENDÜE, MISE EN VIBRATION.

PAR M. D'ALEMBERT.

I.

Dans l'art XXII. de ce Mémoire j'ay trouvé par une methode très indirecte, que si $\Psi(t+s)-\Psi(t-s)=\Delta t\,.\,\Gamma s$, on aura $\Gamma s=$ sin Ms, & $\Gamma t=$ sin Mt ou cos Mt. Cette proposition est vraye & exacte dans le point de vûe, où je l'envisageois alors; mais ayant eu occasion depuis de la considérer d'une maniere plus générale, j'ay trouvé une maniere directe de resoudre le problème, qui donne lieu à quelques observations.

Soit $\Psi(t+s)-\Psi(t-s)=\Delta t\,.\,\Gamma s$; & soient differentiés les deux membres, en faisant varier t seulement, on aura $\Gamma(t+s)-\Gamma(t-s)=\frac{d\Delta t}{dt}\,.\,\Gamma s$; soient ensuite differentiés les deux membres, en faisant varier s seulement, on aura $\Gamma(t+s)+\Gamma(t-s)=\Delta t\,.\,\frac{d\Gamma s}{dt}$; prenons maintenant ces deux derniéres équations, & differentions la premiére en faisant varier t seulement, la seconde en faisant varier s seulement, nous aurons $\Xi(t+s)-\Xi(t-s)=\frac{dd\Delta t}{dt^2}\,.\,\Gamma s$; & $\Xi(t+s)-\Xi(t-s)=\Delta t\,.\,\frac{dd\Gamma s}{ds^2}$; on aura donc

 $dd\Delta t$

$\frac{dd\Delta t}{dt^2} . \Gamma s = \frac{dd\Gamma s}{ds^2} . \Delta t$: donc $\frac{dd\Delta t}{\Delta t . dt^2} = \frac{dd\Gamma s}{ds^2 . \Gamma s}$; ces quantités doivent non seulement être égales, mais encore identiques, c'est à dire, qu'elles doivent être la même quantité, indépendamment d'aucune équation entre t & s. Donc $dd\Delta t = A\,dt^2 . \Delta t$; & $dd\Gamma s = A\,ds^2 . \Gamma s$, A marquant une constante quelconque. La premiere de ces deux équations donne suivant les régles connuës des Geometres $\Delta t = Mc^{t\sqrt{A}} + gc^{-t\sqrt{A}}$; & l'autre donne $\Gamma s = M'c^{s\sqrt{A}} + g'c^{-s\sqrt{A}}$; M, g, & M', g' étant des coëfficiens quelconques positifs ou négatifs, réels ou imaginaires. Donc $\Psi(t+s) - \Psi(t-s)$, ou $\Delta t . \Gamma s = MM'c^{(t+s)\sqrt{A}} + gg'c^{(-t-s)\sqrt{A}} + Mg'c^{(t-s)\sqrt{A}} + gM'c^{(-t+s)\sqrt{A}}$: donc $\Psi(t+s) = MM'c^{(t+s)\sqrt{A}} + gg'c^{(-t-s)\sqrt{A}}$, & $-\Psi(t-s) = Mg'c^{(t-s)\sqrt{A}} + gM'c^{(t+s)\sqrt{A}}$. Or comme $\Psi(t-s)$ doit être semblable à $\Psi(t+s)$, on aura $MM' = -Mg'$ & $gg' = -gM'$; donc $-g = M'$. donc $\Delta t = Mc^{t\sqrt{A}} + gc^{-t\sqrt{A}}$ & $\Gamma s = Mc^{s\sqrt{A}} - Mc^{-s\sqrt{A}}$.

Si l'on veut que $\Psi(t+s) - \Psi(t-s)$ soit $= o$, non seulement lorsque $s = o$, mais encore lorsque $s = l$, comme on le supposoit dans l'art. XXII. on trouve qu'alors $\sqrt{A}$ doit être une quantité imaginaire, & on aura $\Gamma s = k$ sin Ns; de plus pour que Δt soit réel, il faut que $g = M$, M étant une quantité réelle, ou $g = -M$, M étant une quantité imaginaire $\frac{P}{2\sqrt{-1}}$; donc en ce cas $\Gamma s = k$ sin. Ns & $\Delta t =$ R sin. Nt ou B cos Nt.

En général soit $\Phi(t+as) + \Psi(t+gs) = \Delta t . \Gamma s$, on aura 1°. $\frac{d\Delta t}{dt\Delta t} . \frac{ds\Gamma s}{d\Gamma s} = \frac{1}{a}$ si $\frac{1}{g} = \frac{1}{a}$;

2°. $dd\Delta t$

2°. $\frac{dd\Delta t}{\Delta t . dt^2} . \frac{ds^2 \Gamma s}{dd\Gamma s} = \frac{1}{aa}$, si $\frac{1}{gg} = \frac{1}{aa}$; 3°. $\frac{d^3 \Delta t}{dt^3 \Delta t} . \frac{ds^3 \Gamma s}{d^3 \Gamma s} = \frac{1}{a^3}$ si $\frac{1}{g^3} = \frac{1}{a^3}$; & ainsi de suite. Donc en général si $\frac{1}{g^n} = \frac{1}{a^n}$ on aura $d^n \Delta t = A dt^n . \Delta t$; & $d^n \Gamma s = A ds^n \Gamma s . a^n$; équations qu'on integrera par les methodes connuës.

En effet soit $d^n y = ky\, dx^n$; Mr. *Euler*, a fait voir dans le Tome VII des *Miscellanea Berolinensia*, que cette équation s'integroit en supposant la résolution de l'équation $f^n = A$, & j'ay montré dans les Mémoires de l'Académie des Sciences de Prusse année 1748. p. 289. que cette équation se reduisoit toujours à l'intégration de n équations simples : par exemple si $n = 5$, on aura $du = Ay\,dx$; $dr = u\,dx$, $dt = r\,dx$, $ds = t\,dx$, & $dy = s\,dx$. Cette methode est sans doute un peu plus longue que celle de M. *Euler*, mais je la crois aussi plus rigoureuse & plus directe, & d'ailleurs elle s'étend à beaucoup d'autres cas que celui, qui est l'objet du mémoire de M. *Euler*. Je n'ay pas besoin de faire observer que l'équation $\frac{1}{a^n} = \frac{1}{g^n}$ est beaucoup plus générale que l'équation $\frac{1}{g} = \frac{1}{a}$, puisque celle-cy ne donne qu'une valeur de g en a, & qu'au contraire l'autre donne n valeurs de $\frac{g}{a}$ tant réelles qu'imaginaires ; car $\sqrt[n]{1}$ a n valeurs differentes. Au reste, si la valeur de g en a doit être réelle, c'est à dire, si on suppose g & a réelles, alors g n'aura qu'une ou deux valeurs réelles, savoir $+a$ & $-a$; & dans le cas où $g = a$, le problème devient bien plus simple ; car alors $\Phi(t+as) + \Psi(t+gs) = \Phi(t+as) + \Psi(t+as) = \Xi(t+as)$; & l'on a $\Xi(t+as) = \Delta t . \Gamma s$; d'où l'on tire

$a = \frac{d\Gamma s. \Delta t. dt}{ds. \Gamma s. dd\Delta t}$; & par conſéquent $\Delta t = M c^{t\sqrt{A}}$; & $\Gamma s = M c^{sa\sqrt{A}}$.

II.

M. *Euler* a traité dans les Mémoires de 1748. le probléme des cordes vibrantes par une methode entierement ſemblable à la mienne, quant à la partie eſſentielle au problème, & ſeulement, ce me ſemble, un peu plus longue. Ce grand Geometre obſerve, comme je l'ay fait art. XXVIII. de mon Mémoire, que la courbe formée par la corde au commencement de ſon mouvement eſt la même courbe que j'ay appellée *génératrice*. Mais je crois devoir avertir icy, de crainte que quelques lecteurs ne prennent mal le ſens de ſes paroles, que pour avoir cette courbe génératrice, il ne ſuffit pas de transporter la courbe initiale alternativement au deſſus & au deſſous de l'axe; il faut de plus que cette courbe ait les conditions que j'ay exprimées dans mon mémoire, c'eſt à dire que ſi on ſuppoſe $y = \Sigma$ pour l'équation de la courbe initiale, il faut que Σ ſoit une fonction impaire de s, & qu'en général les ordonnées diſtantes l'une de l'autre de la quantité $2l$, ſoient égales ; ce qui ne peut avoir lieu, à moins que la courbe ne ſoit mechanique, & telle que je l'ay déterminée dans mon Mémoire. Dans tout autre cas le problème ne pourra ſe réſoudre, au moins par ma methode, & je ne ſay même s'il ne ſurpaſſera pas les forces de l'analyſe connuë. En effet on ne peut ce me ſemble exprimer y analytiquement d'une manière plus générale, qu'en la ſuppoſant une fonction de t & de s. Mais dans cette ſuppoſition, on ne trouve la ſolution du problème que pour les cas où les differentes figures de la corde vibrante peuvent être renfermées dans une ſeule & même équation. Dans tous les autres cas il me paroit impoſſible de donner à y une forme générale.

III.

Dans le Mémoire que j'ay donné ſur la vibration des cordes, j'ay trouvé qu'en ſuppoſant la force de tenſion $= pml$, l la maſſe de la corde

corde, T le tems d'une vibration de la corde, θ le tems employé par un corps pesant à tomber de la hauteur a, on a θ: $T = \sqrt{2aml} : l$. En général soit Φ la force de tension ou le poids qui lui seroit égal, M la masse de la corde, on aura au lieu de $\frac{pml}{l}$, $\frac{\Phi}{M}$; & au lieu de de ml, $\frac{l\Phi}{Mp} = \frac{l\Phi}{P}$, en nommant P le poids de la corde, donc θ: $T = \sqrt{\frac{2al\Phi}{P}} : t$; donc $T = \frac{\theta l \sqrt{P}}{\sqrt{2al\Phi}}$: or si $\theta = 1^{sec}$. on aura $a = 15$ pieds à peuprés: donc on a $T = 1^{sec} . \frac{\sqrt{l}}{\sqrt{30}} . \frac{\sqrt{P}}{\sqrt{\Phi}}$, quelque figure que prenne la corde; cette équation aura du moins lieu, si la figure de la corde est renfermée dans l'équation générale que j'ai déterminée dans mon Mémoire. Il est même bien vraisemblable qu'en général quelque figure que la corde prenne, le tems d'une vibration sera toujours le même; & c'est ce que l'experience paroît confirmer; mais cequ'il seroit difficile, peut-être impossible, de démontrer en rigueur par le calcul. Au reste on pourroit faire telle hypothese pour resoudre ce problême, qui donneroit une valeur de T differente de celle que nous venons de trouver: par exemple, si on régardoit la corde comme un fil élastique sans masse, tendu par une force Φ, & chargé en son milieu d'un poids $= P$, on trouveroit, en appellant 2π le rapport de la circonference au rayon, que le tems d'une vibration seroit $1^{sec} . \frac{\sqrt{l}}{2\sqrt{15}} . \frac{\pi\sqrt{P}}{\sqrt{\Phi}}$; expression differente de la précedente, & qui par conséquent donneroit une valeur fausse pour le tems des vibrations de la corde. Je crois donc que si on veut déterminer les vibrations de la corde par la methode que j'ay exposée à la fin de mon Mémoire, art. XLIV; il ne suffit pas de supposer la corde chargée de deux ou trois poids, mais il en faut supposer un nombre assez considérable, sans quoy il y auroit à craindre que le problême ne fut pas assez exactément résolu.

IV.

Il est visible par les formules précedentes qu'à tension & à grosseurs égales le nombre de vibrations dans un même tems est en raison inverse de la longueur des cordes. Comme le son plus ou moins aigu des cordes dépend du nombre de vibrations plus ou moins grand qu'elles font dans un tems donné, c'est sans doute pour cette raison que quelques Auteurs modernes très habiles ont cru pouvoir répresenter les sons par les logarithmes des rapports de la longueur des cordes. Cette idée est ingénieuse, & paroit même fondée sur la maniere de parler usitée en acoustique & en musique, lors qu'on dit que si quatre cordes *a*, *b*, *c*, *d*, sont en proportion Geometrique, l'intervalle des sons rendus par *a* & par *b*, sera *égal* à l'intervalle des sons rendus par *c*, & par *d*; d'où l'on a cru pouvoir conclure que les logarithmes des rapports $\frac{a}{b}$, $\frac{c}{d}$; répresentoient les intervalles des sons. Mais on n'a pas prétendu sans doute, que cette conclusion fût autre chose qu'une supposition purement arbitraire, les mots *d'intervalle* des sons, *d'égalité* ou de *difference des intervalles*, ne sont que des manieres de parler abrégées, aux quelles il ne faut pas attribuer plus d'etenduë qu'elles n'en ont. Les sons ne sont que des sensations, & par conséquent n'ont réellement aucun rapport entr'eux; on ne peut pas comparer les sons plus que les couleurs, il ne faut qu'un peu d'attention pour le sentir; de plus, quand ils auroient entr'eux quelque rapport, ce seroit fort improprement qu'on représenteroit ce rapport par des logarithmes, comme je l'ay fait voir dans un autre Ecrit, où j'ay examiné si les logarithmes sont réellement la mesure des rapports.

Mémoires de 1749 pag. 372 lig. 6, au lieu de 1741 lis. 1748.

* * *

ADDI-

ADDITIONS
AUX RECHERCHES SUR LE CALCUL INTEGRAL.
PAR M. D'ALEMBERT.

I.

Je commencerai ces additions par faire remarquer à mes Lecteurs une erreur de calcul, qui s'est glissée dans l'art. IX. de mon Mémoire sur *le calcul integral*, Vol. de 1748. au lieu de la quantité positive $+ dl \int \frac{du\sqrt{u}}{2\sqrt{k + lu + mu^2 + nu^3}}$ pag. 258. lig. 12, il faut lire la même quantité avec le signe $-$; d'où l'on tirera $\int \frac{du\sqrt{u}}{\sqrt{k + lu + mu^2 + nu^3}} = \frac{\phi}{o}$; ainsi ϕ est $= o$, & l'on ne peut tirer de notre calcul la valeur de $\int \frac{du\sqrt{u}}{\sqrt{(k + lu + mu^2 + nu^3)}}$. Il reste donc encore incertain si cette integrale dépend de la rectification seule des sections coniques, dans le cas ou $4\,ln = mm$; au reste cette proposition ne tombant que sur un cas particulier, & très limité, n'influë en rien sur les methodes générales qui se trouvent dans mon Mémoire. Elle n'influë non plus en rien, comme on pourroit se l'imaginer, sur la methode singuliére de l'art. XIX. pour prouver la proposition qui fait le sujet de cet article. En effet tout l'artifice de la démonstration se réduit aux deux propositions suivantes: 21 Juin 1752.

1°. $\frac{du}{u\sqrt{\Phi+\frac{u}{m}}.\sqrt{\alpha+\beta u+uu}}$ dépend de la rectification des sections coniques, & de l'intégration de $\frac{dx}{\overline{a+bx+cxx}^{\frac{q}{2}}.\overline{e+fx+gxx}^{\frac{t}{2}}}$, $a+bx+cxx$ ayant ses racines réelles, pourvû que a, b, c, e, f, g, soient tels que le coefficient de $\frac{du}{\sqrt{\Phi+\frac{u}{m}}.\sqrt{\alpha+\beta u+u^2}}$ ne soit pas $=o$.

2°. En faisant $\frac{\Phi+\frac{u}{m}}{A+Bu-uu}=$ non pas seulement $\frac{1}{Bz+\frac{A}{\Phi}}$, mais en général $\frac{1}{Mz+N}$, M & N étant des nombres quelconques, on pourra reduire l'intégration de $\frac{du}{u\sqrt{\Phi+\frac{u}{m}}.\sqrt{A+Bu-uu}}$ à celle de la quantité $\frac{dz}{z\sqrt{K+Lz}.\sqrt{Q+Pz+zz}}$, Q étant positif, & dans laquelle les coëfficiens Q, P, K, L dépendent de M & de N, qu'on peut supposer telles qu'on veut, pourvû que Q soit positif. Donc l'intégration de cette derniére quantité peut se réduire à celle d'une differentielle $\frac{dx}{(a+bx+cxx)^{\frac{q}{2}}.(e+fx+gxx)^{\frac{s}{2}}}$, dans laquelle $a+bx+cxx$ aura ses racines réelles. Il faut seulement éviter qu'il n'y ait entre les coëfficiens a, b, c, e, f, g, une certaine équation : or dans ce cas-cy on est toujours le maitre d'empêcher que cette équation n'ait lieu ; puisque les coëfficiens a, b, c &c. dépendent de Q, P, K, L &c. & ceux-cy de M & de N qu'on peut prendre à volonté. Donc &c.

DE

II.

DE LA QUADRATURE DES COURBES, DONT LES ÉQUATIONS ONT TROIS OU QUATRE TERMES.

Quoyque cette matiére ait déjà été traitée par plusieurs savans Géometres, entr'autres par Mrs. *Newton*, *Craig*, & *Herman*, je crois qu'elle peut l'être encore d'une maniére plus simple & plus générale.

Soit $Ay^{\lambda} + By^{\mu}x^{\sigma} + Cx^{\tau} = o$ une équation à 3 termes & soit proposé de trouver l'aire $\int y\,dx$ de la courbe à laquelle appartient cette équation. On supposera $y = x^{r}u$, r étant un coëfficient constant indéterminé, & u une variable indéterminée, & l'on aura la transformée $Ax^{r\lambda-\tau}u^{\lambda} + Bx^{r\mu+\sigma-\tau}u^{\mu} + C = o$. Si on peut tirer de cette équation la valeur de x en u, il est clair qu'on pourra avoir la valeur de $y\,dx$ en u & du; car $y\,dx = x^{r}u\,dx$. Or on peut tirer de l'équation précédente la valeur de x en u dans tous les cas suivans. 1°. si $r\lambda - \tau = o$. 2°. si $r\mu + \sigma - \tau = o$. 3°. si $r\lambda - \tau = r\mu + \sigma - \tau$. 4°. si $r\lambda - \tau = 2(r\mu + \sigma - \tau)$. 5°. si $r\lambda - \tau = \frac{1}{2}(r\mu + \sigma - \tau)$. Dans chacun de ces differens cas on aura la valeur de l'indéterminée r. Ainsi on peut toujours reduire la quadrature d'une courbe dont l'équation a trois termes, à l'intégration d'une quantité $x^{r}u\,dx$, dans laquelle on aura la valeur de x en u.

Pour savoir maintenant en quels cas la courbe sera quarrable, il faudra se rappeller les Théoremes suivans.

1°. $u^{m}du\,(a + bu^{n})^{p}$ est intégrable, si p est un nombre positif, m & n étant quelconques; à moins que $\frac{m+1}{-n}$ ne soit un nombre positif $=$ ou $< p$, au quel cas un des termes s'intégrera par logarithmes.

2°.

2°. La même differentielle s'intégre encore si $\frac{m+1}{n}$ est égal à un nombre entier positif, à moins que p ne fut un nombre entier négatif $=$ ou $< \frac{-m-1}{n}$, auquel cas on intégrera par logarithmes.

3°. La même differentielle s'intégre si $\frac{m+1}{-n} - p$ est égal à un nombre entier positif, à moins que $-p-1$ ne soit un nombre entier positif.

Pour découvrir les cas où la courbe peut se quarrer par la quadrature des sections coniques, il faut de même se rappeller.

1°. Que $u^m du (a+bu^n)^p$ est reductible à une differentielle rationnelle, si p est un nombre entier quelconque négatif, m & n étant d'ailleurs tout ce qu'on voudra. Mém. 1746. p. 196. art. XII. N°. 1.

2°. Qu'il en est de même si $\frac{m+1}{n}$ ou si $\frac{m+1}{-n} - p$ sont des nombres entiers negatifs : c'est dequoi on se convaincra facilement, en faisant dans le premier cas $u^n = z$ & $a + bz = t$; ou bien $u = \frac{1}{z}$; $z^n = t$ & $at + b = s$.

3°. Si on fait $u^n = t$, on trouvera encore que la proposée est reductible à une differentielle rationnelle, si $p = \frac{q}{2}$ & $\frac{m+1}{n} - 1 = \frac{r}{2}$, q & r étant des nombres impairs positifs ou negatifs.

4°. La même chose aura lieu, si $p = \frac{q}{2}$ & $\frac{m+1}{-n} - p - 1 = \frac{r}{2}$.

Pour trouver de même les cas où la quadrature de la courbe proposée se réduit à la rectification des sections coniques, il n'y a qu'à qu'à supposer $u^n = t^2$, ou t^3, ou t^4 & comparer ensuite la transformée aux differentes formules que j'ay données dans les Mém. de 1746. & 1748.

Soit maintenant $Ay^{\lambda} + By^{\mu}x^{\sigma} + Cx^{\varrho}y^{\theta} + Dx^{\tau} = o$ une équation à 4 termes, & soit fait $y = x^{r}u$; on aura la transformée $Ax^{r\lambda-\tau}u^{\lambda} + Bx^{r\mu+\sigma-\tau}u^{\mu} + Cx^{\theta r+\varrho-\tau}u^{\theta} + D = o$. Or on peut tirer de cette équation la valeur de x en u dans tous les cas suivans.

1°. si $r\lambda - \tau = o$ & $r\mu + \sigma - \tau = o$.
2°. si $r\lambda - \tau = o$ & $\theta r + \varrho - \tau = o$.
3°. si $r\mu + \sigma - \tau = o$ & $\theta r + \varrho - \tau = o$.
4°. si $r\lambda - \tau = o$ & $r\mu + \sigma - \tau = \theta r + \varrho - \tau$
5°. si $r\mu + \sigma - \tau = o$ & $r\lambda - \tau = \theta r + \varrho - \tau$
6°. si $\theta r + \varrho - \tau = o$ & $r\lambda - \tau = r\mu + \sigma - \tau$
7°. si $r\lambda - \tau = o$ & $r\mu + \sigma - \tau = 2(\theta r + \varrho - \tau)$
8°. si $r\lambda - \tau = o$ & $r\mu + \sigma - \tau = \frac{1}{2}(\theta r + \varrho - \tau)$
9°. si $r\mu + \sigma - \tau = o$ & $r\lambda - \tau = 2(\theta r + \varrho - \tau)$
10°. si $r\mu + \sigma - \tau = o$ & $r\lambda - \tau = \frac{1}{2}(\theta r + \varrho - \tau)$
11°. si $\theta r + \varrho - \tau = o$ & $r\lambda - \tau = 2(r\mu + \sigma - \tau)$
12°. si $\theta r + \varrho - \tau = o$ & $r\lambda - \tau = \frac{1}{2}(r\mu + \sigma - \tau)$
13°. si $r\lambda - \tau = r\mu + \sigma - \tau$ & $r\lambda - \tau = 2(\theta r + \varrho - \tau)$
14°. si $r\lambda - \tau = r\mu + \sigma - \tau$ & $r\lambda - \tau = \frac{1}{2}(\theta r + \varrho - \tau)$
15°. si $r\lambda - \tau = \theta r + \varrho - \tau$ & $r\lambda - \tau = 2(r\mu + \sigma - \tau)$
16°. si $r\lambda - \tau = \theta r + \varrho - \tau$ & $r\lambda - \tau = \frac{1}{2}(r\mu + \sigma - \tau)$
17°. si $r\mu + \sigma - \tau = \theta r + \varrho - \tau$ & $r\mu + \sigma - \tau = 2(r\lambda - \tau)$
18°. si $r\mu + \sigma - \tau = \theta r + \varrho - \tau$ & $r\mu + \sigma - \tau = \frac{1}{2}(r\lambda - \tau)$

 Ces

Ces differentes conditions donneront deux valeurs de r, qui étant comparées, il en résultera une équation entre les exposans μ, λ, σ &c. de sorte qu'on ne peut réduire que dans certains cas la quadrature de la courbe à l'intégration d'une differentielle $x^r u dx$ dans laquelle x soit donnée en u.

On pourra découvrir encore dans ce cas-cy, comme dans le cas des équations à trois termes, les courbes qui seront quarrables, ou absolument, ou par la quadrature des sections coniques, ou par leur rectification; mais le calcul en sera plus pénible.

III.

DE L'INTÉGRATION DES ÉQUATIONS DIFFERENTIELLES DU PREMIER ORDRE À DEUX VARIABLES.

Dans les Mém. de 1748, j'ay donné des méthodes pour intégrer certaines équations differentielles à deux variables x, y; ces méthodes ont principalement pour objet les cas où $\frac{dx}{dy}$ se trouve élevé à differentes puissances; de maniére qu'il soit difficile de tirer la valeur de $\frac{dx}{dy}$ en x & en y. Par exemple dans le cas de $\frac{x}{y} = \phi \frac{dx}{dy}$ ou $\frac{x}{y} = \phi z$, qui est celui des équations homogenes, il pourroit être souvent très difficile de tirer la valeur de $\frac{dx}{dy}$ en $\frac{x}{y}$, pour reduire ces équations à la methode de Mr. *Bernoulli*. Celle que j'ay donné dispense de prendre cette peine, & apprend en général à intégrer toute équation $x = y \phi z$, ϕz étant une fonction quelconque de z, même qui renferme des signes $\int$.

Mais cette methode même paroit d'abord assez limitée, en ce qu'elle suppose qu'on ait la valeur de $\frac{x}{y}$ exprimée en z. Pour résoudre foudre donc plus généralement encore le cas des équations homogenes, ſuppoſons qu'on faſſe $\frac{dx}{dy} = z$ & $x = yk$; l'équation propoſée ſe changera en une équation algébrique quelconque entre y & k. Ayant conſtruit la courbe dont cette équation eſt le lieu, on aura pour chaque z la correſpondante k; & pour chaque k la correſpondante z. Or puisque $x = yk$ & $dx = zdy$; donc $zdy = ydk + kdy$, & $\frac{dy}{y} = \frac{dk}{z-k}$, donc on aura la valeur de y, en conſtruiſant & en quarrant la courbe dont les abſciſſes ſont k & les ordonnées $\frac{1}{z-k}$.

IV. On peut de même intégrer toutes les équations dans lesquelles en faiſant $y^p z^q = k$ on a une équation entre x & k. Car on conſtruira d'abord l'équation entre x & k, enſuite on remarquera que $y^{\frac{p}{q}} z = k^{\frac{1}{q}}$ ou $dx.k^{\frac{-1}{q}} = dy.y^{\frac{-p}{q}}$; donc comme l'on a la valeur de k pour chaque x, on aura pour chaque x la valeur de y.

V. Soit propoſé de trouver les conditions d'integrabilité de l'équation

$$dx + \frac{fxdy}{y} = \frac{y^k x^r dy \Delta \frac{x}{y^n} + y^t x^s dx \Xi \frac{x}{y^n}}{y^m x^p \Phi \frac{x}{y^n} + y^q x^h \Gamma \frac{x}{y^n}}$$

ſoit $x = y^n u$, & faiſant $n = -f$, on aura l'équation ſuivante

$$y^f du = \frac{y^{k-fr} dy \Delta u . u^r + y^{-f+t-fs} u^s \Xi u . du - f y^{-f+t-fs-1} u^{s+1} dy \Xi u}{y^{m-pf} u^p \Phi u + y^{q-hf} u^h \Gamma u}:$$

or cette équation ſera intégrable, toutes les fois qu'elle pourra ſe reduire à cette forme $V y^{\lambda} dy + V' y^{\lambda+1} du + V'' y^{\mu} du = 0$;

V,

V, V', & V'' étant des fonctions de u; ce qui arrivera dans differens cas dont l'enumeration est facile. Il est visible au reste que l'équation $dx - \frac{xdy}{y} = \frac{dy\,\Delta\frac{x}{y}}{\Phi\frac{x}{y} + y^p\Gamma\frac{x}{y}}$ n'est qu'un cas particulier de ce probléme. Voyez Mém. 1748. pag. 281.

VI. Jusqu'à présent les Géometres ont cherché les cas d'integrabilité des équations à trois & quatre termes, en déterminant les cas où ces équations peuvent être réduites à l'homogeneïté : mais en ces cas les conditions d'integrabilité ne tombent que sur les exposans: on en auroit trouvé davantage si on eut fait aussi tomber les conditions sur les coëfficiens. Soit, par exemple, $xdy + gydx + ax^n dx + by^n dy = o$, & soit fait $x = y^r u$, on aura $y^r udy + gy(ry^{r-1} dy.u + y^r du) + ay^{rn} u^n (ry^{r-1} udy + y^r du) + by^n dy = o$; d'où l'on voit que l'équation est intégrable si $gr + 1 = o$, & si $rn + r - 1 = n$; c'est à dire si $g = -1$. En général soit $ax^n dx + by^n dy + (xdy - ydx)\left(\frac{p}{q} + \frac{\pi}{\omega}\right) = o$, p & q étant des fonctions homogénes de x & de y, mais de differentes dimensions, si l'on veut, & π, ω, étant aussi des fonctions homogénes, dont la difference des dimensions soit $n - 1$, on aura en faisant $x = yz$, la transformée $ay^n z^n (ydz + zdy) + by^n dy - yydz \,.\, (y^k \Delta z + y^{n-1} \Phi z) = o$, équation intégrable. Il en est de même d'un grand nombre d'autres cas, mais je laisse ces recherches à suivre à d'autres.

VII.

VII.
SUR L'INTEGRATION DE L'EQUATION.

$$d^n y + a d^{n-1} y dx + b d^{n-2} y dx^2 \dots + X dx^n = 0.$$

Dans les Mémoires de 1748. p. 289 art. LIII ; j'ay donné une methode générale pour construire ces sortes d'équations. M. *Euler* dans le Vol. VII. des *Miscellanea Berolinensia*, a aussi donné une methode pour construire ces mêmes équations dans le cas ou $X = 0$; cette methode consiste à supposer $y = Ac^{fx}$, à résoudre ensuite l'équation $f^n + af^{n-1} + bf^{n-2} \dots$ &c. $= 0$, puis supposant que f, g, h ; soient les racines de cette équation, on sera $y = Ac^{fx} + Bc^{gx} + Dc^{hx}$ &c. A, B, D étant des coëfficiens tout à fait arbitraires.

Si d'un côté cette methode est plus simple que celle qui résulte de ma solution générale, de l'autre on ne voit pas clairement, ce me semble, que l'integrale donnée par M. *Euler* renferme toutes les integrales possibles de l'équation proposée, car s'il est évident qu'en faisant $y = Ac^{fx}$ l'integration reüssira, il n'est pas aussi évident qu'elle ne reüssira que dans ces cas-là.

Mais en rapprochant de ma solution celle de M. *Euler*, on peut s'assurer que celle-cy est générale. En effet il est facile de reconnoître par ma solution, qui donne la valeur générale de y, que y doit en effet être exprimé par un certain nombre de termes $Ac^{fx} + Bc^{gx}$ &c. Car dans le cas, pas exemple, où l'équation differentielle est du 3e. degré, ma solution donne $My + Nx + Rz = Ku$; $M'y + N'x + R'z = K'u'$; $M''y + N''x + R''z = K''u''$; & de plus $du + gudx = 0$, $du' + g'u'dx = 0$, $du'' + g''u''dx = 0$. donc &c.

Lorsque

Lorsque, dans la solution de M. *Euler*, & dans la nôtre, on trouve les valeurs de f égales, par exemple lorsque $f = g$, alors on écrira ainsi la valeur de y; $y = Ac^{fx + \alpha x} + Bc^{fx + \varrho x}$, α & ϱ étant des quantités infiniment petites, donc $y = (A + B)c^{fx} + (A\alpha x + B\varrho x)c^{fx} = (l + mx)c^{fx}$, l & m étant des coëfficiens quelconques. Comme il n'y a dans l'équation $y = Ac^{fx + \alpha x} + Bc^{fx + \varrho x}$, que deux coëfficiens A, B, & deux quantités infiniment petites α, ϱ, absolument arbitraires, il n'est pas nécessaire de pousser l'expression de $c^{fx + \alpha x}$ & celle de $c^{fx + \varrho x}$ jusqu'à plus de deux termes $c^{fx} + \alpha x c^{fx}$, & $c^{fx} + \varrho x c^{fx}$.

Si f a 3 valeurs égales, comme il y a pour lors trois coëfficiens A, B, D, on supposera $y = Ac^{fx + \alpha x} + Bc^{fx + \varrho x} + Dc^{fx + \sigma x}$ & au lieu de $c^{fx + \alpha x}$, on écrira sa valeur approchée $c^{fx} + \alpha x c^{fx} + \frac{1}{2}\alpha\alpha xx\, c^{fx}$; & ainsi des autres, en poussant jusqu'à trois termes, ce qui donnera $y = (l + mx + nxx)c^{fx}$.

Quand une des valeurs de f est $= o$, alors c'est une marque qu'il se trouve quelque terme tout constant dans l'expression de y: car si $f = o$, on a $c^{fx} = c^{o} = 1$. En effet, soit par exemple $d^3 y + addydx + bdydx^2 = o$, on aura une équation du 3e. degré $f^3 + aff + bf = o$; donc $y = Ac^{fx} + Bc^{gx} + D$; ce qui se trouvera encore d'une autre maniere en faisant $dy = zdx$; &

$z = A'c$

$z = A' c^{fx}$; car alors on aura $y = \int z\,dx + D$, & $z = A' c^{fx} + B' c^{gx}$.

Quand f a plusieurs valeurs égales à zero, on les représentera par $c^{\alpha x}$, $c^{\rho x}$, $c^{\sigma x}$, ρ, α, & σ étant des quantités infiniment petites ; s'il y a 3 valeurs, égales a zéro, on écrira $1 + \alpha x \pm \frac{1}{2} \alpha\alpha xx$, au lieu de $c^{\alpha x}$ & ainsi des autres ; de sorte que s'il y a, par exemple, 5 valeurs de f, deux réelles, & trois égales à zéro, on aura $y = A c^{fx} + B c^{gx} + l + mx + nxx$: on peut le trouver autrement par cet exemple. Soit $d^5 y + a d^4 y\,dx + b d^3 y\,dx^2 = o$, on aura $f^5 + af^4 + bf^3 = o$; donc $y = A c^{fx} + B c^{gx} + l + mx + nxx$; or faisant $dy = z\,dx$, $dz = q\,dx$, $dq = r\,dx$, on aura $ddr + adr\,dx + br\,dx^2 = o$, en supposant $r = A' c^{fx}$, on trouvera $r = A' c^{fx} + B' c^{gx}$; $q = \int r\,dx + E$; $z = \int q\,dx + H$; $y = \int z\,dx + L$; donc $y = A c^{fx} + B c^{qx} + l + mx + nxx$.

Si les racines sont imaginaires, par exemple, si $f = m \mp n\sqrt{-1}$ on aura $y = c^{mx} . (A c^{nx\sqrt{-1}} + B c^{-nx\sqrt{-1}})$; & cette quantité deviendra réelle, si on le juge à propos, en supposant A & B imaginaires & de differens signes ; dans le premier cas on aura $y = c^{mx} . L \cos nx$; dans le second on aura $y = c^{mx} . G \sin nx$. donc en général $y = c^{mx} . (L \cos nx + G \sin nx) = H c^{mx} . [\sin (nx + R)]$.

Lors-

Lorsque le terme $X dx^n$ se trouve dans l'équation, le problême se réduit par ma methode à l'intégration de l'équation $du + \rho u dx + \beta X dx = o$, ρ & β étant des constantes ; ainsi il faudra prendre $y = Ac^{fx} + Bc^{gx} + Dc^{hx}$ &c. $+ Ec^{fx} \int c^{-fx} X dx + Fc^{gx} \int c^{-gx} X dx + Gc^{hx} \int c^{-hx}$ &c. après avoir fait la substitution, on égalera à zéro les coëfficiens de tous les termes analogues, & on aura la valeur complette de y.

Pour faire ce calcul plus aisément, on remarquera qu'en général si on suppose $Ec^{fx} \int c^{-fx} X dx = R$, on aura $dR = EXdx + Efdx.R$; par conséquent $ddR = EdXdx + Efdx.(EXdx + EfRdx)$; & ainsi de suite.

S'il y a des racines égales, par exemple, si $f = g$, alors au lieu des deux termes $Ec^{fx} \int c^{-fx} X dx + Fc^{gx} \int c^{-gx} X dx$; il faut écrire $Ec^{fx} \int c^{-fx} X dx + Gxc^{fx} \int c^{-fx} X dx - Gc^{fx} \int x c^{-fx} X dx$; c'est de quoi on se convaincra aisément, en écrivant $c^{fx + \alpha x} = c^{fx} + \alpha x c^{fx}$ au lieu de c^{fx}, & $c^{fx} + \rho x c^{fx}$ au lieu de c^{gx}.

S'il y a plusieurs racines égales à zéro, par exemple si $f = o$, $g = o$, alors il faudra écrire $E\int X dx + Gx\int X dx - G\int X x dx$; on voit aisément le procedé qu'il faudroit suivre s'il y avoit plus de deux racines égales, ou plus de deux racines égales à zéro.

J'ay fait voir à la fin de mon Mémoire sur les cordes vibrantes (art. XLVII.) comment ma methode générale pouvoit s'abréger dans certains cas. Par exemple, si on a $d^4y + Aydx^4 + Xdx^4 = o$, il ne sera pas nécessaire d'employer quatre équations du premier dégré, mais

mais feulement deux du fecond, qui fe réduiront à une, & celle-cy à deux du premier. De même l'équation $d^8 y + A d^4 y dx^4 + B y dx^8 + X dx^8 = s$, fe réduira à deux du quatrieme, qui fe réduiront à une; celle-cy à deux du fecond, qui fe reduiront auffi à une ; & enfin celle-cy à deux du premier.

Mais il eft encore plus important de remarquer que toutes les équations dont j'ay traité dans les Mémoires de 1748. depuis l'art. XLII. jusqu'à la fin, peuvent s'integrer en donnant aux variables qu'elles renferment, une forme convenable, toujours facile à trouver par ma methode. Soit, par exemple, propofé d'integrer

$$dx + a\,dy + T\,(cx + ey)\,dt + \theta\,dt = o$$
$$dy + b\,dx + T\,(fx + gy)\,dt + \varepsilon\,dt = o$$

(voyez Mémoires 1748. p. 285 & 286 art. XLV. & XLVI;) on fuppofera

$$x = A c^{f\int T dt} + B c^{g\int T dt} + c^{f\int T dt} \int c^{-f\int T dt} . (E\theta + H\varepsilon)\,dt + c^{g\int T dt} \int c^{-g\int T dt} . (L\theta + M\varepsilon)\,dt\,;\ y = A' c^{f\int T dt} + B' c^{g\int T dt} + c^{f\int T dt} \int c^{-f\int T dt} . (E'\theta + H'\varepsilon)\,dt + c^{g\int T dt} \int c^{-g\int T dt} . (L'\theta + ME)\,dt\,;$$ & ainfi des autres.

De même fi on a

$$dx + (ax + by + cz)\,dt = o$$
$$dy + (ex + fy + gz)\,dt = o$$
$$dz + (hx + my + nz)\,dt = o$$

on fuppofera $x = A c^{ft} + B c^{gt} + H c^{ht}$; $y = A' c^{ft} + B' c^{gt} + H' c^{ht}$; $z = A'' c^{ft} + B'' c^{gt} + H'' c^{ht}$; & ainfi des autres cas plus compliqués. En voilà, ce me femble, affez pour faire connoî-

 tre

tre & pratiquer la methode, que je laisse à d'autres à détailler. Il suffit d'observer en général que la forme qu'on donnera aux valeurs indéterminées de x & de y, dépend de deux choses : 1°. de la forme de la valeur de u dans l'équation finale ; 2°. du nombre d'équations du premier dégré auxquels le problème se réduira, ou, ce qui est la même chose, du nombre des valeurs de u, u', u'' &c. toutes représentées par des équations finales, semblables, & de differens coëfficiens.

VIII. Soit l'équation differentielle du second degré $ddu + \xi du dx + u X dx + \zeta dx = o$, ξ, X & ζ étant des fonctions de x ; on propose de réduire cette équation à une du premier degré.

On fera $du + t Q dx = o$, t & Q étant deux indéterminées ; & substituant pour du sa valeur, puis divisant par Q, on aura $dt + \frac{t dQ dx}{Q dx} + \xi t dx - \frac{u X dx}{Q} - \frac{\zeta dx}{Q} = o$; ensuite ajoutant ensemble les deux équations, on aura $du + dt + dx \left(t Q + \frac{t dQ}{Q dx} + \xi t - \frac{u X}{Q}\right) - \frac{\zeta dx}{Q} = o$. Or cette équation seroit intégrable, si elle pouvoit se réduire à la forme $du + dt + dx (u + t) P - \zeta \frac{dx}{Q} = o$ P & Q étant des fonctions de x. Dans cette hypothese on auroit une valeur de $u + t$ en x, & la valeur de u qui en résulte étant substituée dans $du + t Q dx = o$, on auroit une équation intégrable, d'où l'on tireroit la valeur de t, & par conséquent celle de u. Or pour que $t Q + \frac{t dQ}{Q dx} + \xi t - \frac{u X}{Q}$ soit $= (u + t) P$. il faut que $- \frac{X}{Q} = \xi + Q + \frac{dQ}{Q dx}$; d'où l'on tire $X dx + \xi Q dx + Q Q dx + dQ = o$. Donc toutes les fois qu'on pourra intégrer cette équation, on pourra intégrer la proposée.

CO-

COROLL. I.

Donc si l'équation proposée est telle, qu'en faisant $\zeta = o$, elle soit intégrable, elle le sera aussi dans les cas où ζ sera une fonction quelconque, car soit $\zeta = o$, & supposons suivant la methode donnée par M. *Euler* Tom. III. des Mémoires de Petersbourg, $u = c^{\int y dx}$, on trouvera $X dx + \xi y dx + yy dx + dy = o$, équation intégrable puisque l'on a (hyp) la valeur de u en x & que $y = \frac{du}{u\,dx}$. Or cette équation est absolument la même que $X dx + \xi Q dx + QQ dx + dQ = o$. Donc &c.

REMARQUE I.

Si la quantité ξ qui multiplie du dans l'équation, contient un terme de cette forme $\frac{A}{x}$; on pourra toujours le faire disparoitre, excepté dans le cas où A sera $= + 1$. Car soit divisée l'équation par dx, & soit mis le premier terme sous cette forme $d\left(\frac{du}{dx}\right)$, afin de faire varier tout ce qu'on voudra, on aura donc au lieu de $ddu + \frac{A du dx}{x}$ les termes $d\left(\frac{du}{dx}\right) + \frac{A du}{x} = \frac{ddu}{dx} - \frac{du\,ddx}{dx^2} + \frac{A du}{x}$; qui multipliés par dx avec les autres termes de l'équation, donneront $ddu - \frac{ddx.\,du}{dx} + \frac{A du.\,dx}{x}$. Or soit $x = fz^k$, & soit pris dz constant, on aura $dx = fkz^{k-1}dz$, & $ddx = fk.(k-1)z^{k-2}dz^2$, donc les trois termes cy-dessus deviendront $ddu + du(1 - k + kA)\frac{dz}{z}$; & le second terme s'évanouira en faisant $k = -\frac{1}{A-1}$: ainsi cette transformation pourra avoir lieu toutes les fois que A ne sera pas $= 1$.

COROLL.

COROLL. II.

Donc en général, si on a $ddu + \frac{A\,du\,dx}{x} + uBx^m dx^2 + \xi dx^2 = o$; cette differentielle se réduira à l'équation $ddu + uRz^p dz^2 + \xi dz^2 = o$, excepté dans le cas de $A = 1$; & l'intégration dépendra de l'équation de *Riccati* $Rz^p dz + QQ\,dz + dQ = o$, qu'on sçait être intégrable dans differens cas.

COROLL. III.

Si $A = 1$; l'intégration se réduira à celle de $Bx^m dx + Qx^{-1} dx + QQ\,dx + dQ = o$; or faisant $Q = rx^{-1}$, on trouve que cette équation est intégrable si $m = -2$.

COROLL. IV.

Dans la même supposition on trouve que l'équation est encore intégrable & réductible à celle de *Riccati*, si $\frac{m+2}{o}$ est $= -\frac{4n}{2n+1}$, n exprimant un nombre entier positif; ce qui ne donne aucune nouvelle condition réelle; en effet on peut considérer qu'en général, si $Q = rx^{-1}$, on aura $Bx^{m+1}dx + \frac{r^2 dx}{x} + dr = o$; équation qui n'est intégrable que dans le cas où $m = -2$.

COROLL. V.

Soit $X = Ax^{m'}$ & $\xi = Bx^n$; on trouvera en faisant $Q = px^r + fx^s z^t$, les conditions d'intégrabilité de l'équation $Ax^m dx + Bx^n Q\,dx + QQ\,dx + dQ = o$; la transformée sera intégrable toutes les fois qu'elle se réduira à une équation de cette forme $Xz^{t-1}dz + X'z^t dx + z^{2t}X''dx = o$, X, X', X'' étant des puissances ou des

des fonctions de x la même transformée sera encore intégrable, lorsqu'elle tombera dans les cas intégrables de l'équation de *Riccati*. Je me contente d'indiquer tout cela, parce que cette matiére a déjà été traitée dans le premier Vol. des Mémoires de Petersbourg, & j'ajoute seulement que, si $X = Ax^m + \frac{1}{x}$, on auroit une transformée qui ne seroit pas plus compliquée, & dont on trouveroit de même les cas d'intégrabilité.

COROLL. VI.

Soit encore $\xi = o$ & $X = Ax^m + Bx^n$, on trouvera en faisant la même transformation que cy-dessus, les conditions d'intégrabilité de l'équation $Ax^m dx + Bx^n dx + QQdx + dQ = o$.

COROLL. VII.

M. *Euler* a donné dans le To. X. des Mém. de Petersbourg une methode pour intégrer en certains cas l'équation differentielle $(a + bx^n)x^2 ddu + (c + fx^n)x dx du + (g + hx^n) u dx^2 = o$. On pourra donc dans les mêmes cas intégrer cette équation, augmentée d'un terme quelconque ξdx, ξ étant une fonction quelconque de x.

REMARQUE II.

Dans mon traité de Dynamique, imprimé il y a dix ans, p. 165 j'ay avancé trop généralement que l'équation $ddq = Nqdt^2 \Psi t + dt^2 \Gamma t$, dans laquelle N est une constante & Ψt, Γt, des fonctions quelconques de t, pouvoit toujours s'intégrer. L'intégration n'est possible, au moins par les methodes jusqu'ici connües, que dans les cas où l'équation $dy + yydt = N dt \Psi t$ peut s'integrer, Γt étant d'ailleurs une fonction quelconque de t.

REMARQUE III.

Il semble d'abord qu'on pourroit rendre la solution fondamentale un peu plus générale, en faisant $du - EtQdx = o$, & en multipliant

pliant la seconde équation par un coëfficient indéterminé v, ce qui donneroit, au lieu de $Xdx + Q\xi dx + Q^2dx + dQ = o$, l'équation $Xdx - \frac{EQ\xi dx}{v} + \frac{E^2Q^2dx}{v^2} - EdQ = o$; mais il est visible que ces deux équations reviennent à la même, en mettant dans la seconde Q pour $-\frac{EQ}{v}$; & en général toute équation $X'dx + \xi'udx + X''u^2dx + du = o$, se changera en $Xdx + \xi ydx + yydx + dy$, en faisant $X''u = y$; on peut même, en supposant $u = yr$ & $\frac{dr}{r} + \xi dx = o$, changer l'équation en celle-cy $\frac{Xdx}{r} + X''y^2rdx + dy = o$, qui dans certains cas pourroit être plus commode. Donc, puisque l'équation $ddu + \frac{dudx}{x} + uXdx^2 + \zeta dx^3 = o$ se réduit à $Xdx + Qx^{-1}dx + QQdx + dQ = o$, il s'ensuit qu'en faisant $Q = yx^{-1}$, elle se réduira à l'équation $xXdx + yy\frac{dx}{x} + dy = o$.

REMARQUE IV.

Je ne doute point que la methode que j'ay donnée pour intégrer dans certains cas l'équation $ddu + \xi dudx + uXdx^2 + \zeta dx = o$, ne soit applicable à d'autres cas; mais je pourrai continuer ces recherches dans une autre occasion. Soit, par exemple,

$$d^3u + \xi ddudx + Xdudx^2 + u\zeta dx^3 + \chi dx^3 = o.$$

En faisant $ddu + Qdtdx + tNdx^2 = o$, on trouvera que l'équation est réductible à une du second dégré, si $N = \chi + QQ - \frac{dQ}{dx} - \xi$ & $\zeta + NQ - \frac{dN}{dx} - \xi N = o$: or substituant dans la seconde équation la valeur de N tirée de la premiére, on aura une équation differentielle du second dégré dont Q sera l'inconnüe, qu'il faudra déterminer en x, donc l'intégration de l'équation $d^3u + \xi ddudx + Xdudx + u\zeta dx^3 + \chi dx^3 = o$ se réduit toujours à l'intégration d'une équation du second dégré.

SECOND

SOLUTION

DE QUELQUES PROBLEMES D'ASTRONOMIE,

PAR MR. D'ALEMBERT.

I.

SUR LA CORRECTION DU MIDY.

Plusieurs habiles Geometres ont déjà donné differentes solutions de ce Probleme, parmy lesquelles on doit compter avec distinction celles de Messieurs de Maupertuis & Euler. La solution que je vais exposer icy a l'avantage de ne demander le calcul d'aucun triangle spherique, & d'être également bonne pour les lieux qui sont fort prés du pole, comme pour ceux qui en sont eloignés.

I. Soit Z le Zenith, (fig. 1) H V l'horizon, P le pole, N O le cosinus de la déclinaison du Soleil le jour de l'observation, R T, S L, les deux sinus egaux des hauteurs observées. Il est evident 1°, que le tems ecoulé entre les deux observations est representé par la somme des angles qui ont pour cosinus O R, & O S, le rayon où sinus total étant N O pour un de ces angles, & N O pour l'autre, 2°, il est facile de connoître par les tables la variation de la déclinaison N n pendant le tems, qui s'est ecoulé entre les deux observations, aussi bien que la difference S X des lignes R O, S O, que j'appelleray D.

Cela

Cela posé on décrira du centre M, (fig. 2.) & des rayons MA, MB egaux à NO & *no*, deux cercles concentriques, & on tracera ensuite un triangle AMB, dont le sommet soit en M, & dont l'angle AMB soit égal à l'angle, qui est proportionnel au tems ecoulé entre les observations, (ce triangle peut etre placé comme on voudra pourvu que son sommet soit en M, que son angle AMB ait la valeur qu'on vient de marquer, & que ses cotés MA, MB soient les rayons des deux cercles), on formera ensuite un triangle rectangle ACB dont AC = D soit un des cotés & AB l'hypotenuse, c'est à dire qu'on prendra AC = D, pour corde d'un cercle dont AB sera le diametre, on tirera enfin MDQ perpendiculaire à BC, je dis que l'angle AMQ marquera le tems avant midy, & QMB le tems aprés midy.

SCOLIE I.

II. Ayant tiré la corde B*a*, & mené M*d* perpendiculaire à cette corde, il est evident que l'angle *a*M*d* sera la moitié de l'angle AMB, & qu'ainsi la correction du midy sera representée par l'angle QM*d*, c. à d. par l'angle *a*BC; or l'angle *a*BC est la difference des angles ABC & AB*a*; ainsi la question se réduit à trouver chacun de ces angles.

Soit r le sinus total, s & s' les sinus & cosinus de l'angle $\frac{AMB}{2}$, $Aa = \alpha$, on aura $ab = \frac{Aa \times Md}{ad}$ & comme l'angle *a*BA est la moitié de l'angle AM*b*, il s'ensuit que l'angle *a*BA est celui dont la tangente seroit $\frac{r.\ ab}{2Ma} = \frac{\alpha s'}{2ad} = \frac{\alpha r s'}{2S.\ Ma} = \frac{\alpha}{2Ma} \times$ cotang. $\frac{AMB}{2}$. Or il est facile de voir que $\frac{\alpha}{Ma}$ (fig. 2.) $= \frac{NO - ne}{no}$ (fig. 1.) $= \frac{Nn.\ CO}{CN.\ NO} = \frac{Nn}{\text{cotang. decl.}}$, donc l'angle *a*BA est

celui

celui dont la tangente seroit egale à $\frac{Nn \text{ cotang. } \frac{AMB}{2}}{2. \text{ cot. decl.}}$,

A l'egard de l'angle ABC, cet angle doit avoir pour sinus $\frac{r \times AC}{AB}$; or 1°. AC (fig. 2.) $=$ SX (fig. 1.) $= \frac{RX.\,r}{\text{cotang. latit.}} = \frac{Nn \times \text{cosin. declin.}}{\text{cotang. latit.}}$. 2°. $AB = aB + \frac{Aa \times ad}{Ma} = aB + \frac{Aa \times s}{r} = \frac{2s.\,Ma}{r} + \frac{Aa.\,s}{r}$, donc l'angle ABC doit avoir pour sinus $r \times \left(\frac{Nn.\text{ cosin. decl.}}{\text{cotang. lat.}}\right) : \left(\frac{2s.\text{ cos. decl.}}{r} + \frac{s.\,Nn.\text{ sin. decl.}}{rr}\right) = \frac{rr.\,Nn}{2s.\text{ cot. lat.}} - \frac{rr.\,Nn^2.\text{ tang. decl.}}{\text{cot. lat. } 4s.\,rr} = \frac{Nn \times (2rr - Nn.\text{ tang decl})}{4s.\text{ cot. lat.}}$

Scolie 2.

III. Lorsque le Zenith Z n'est pas fort prés du pole, on peut supposer le sinus de l'angle $ABC = \frac{Nn.\,rr}{2s.\text{ cot. lat.}} = \frac{Nn.\text{ tang. lat.}}{2s}$ & l'angle qui doit donner la correction du midi, a pour sinus ou pour tangente $Nn \left(\frac{\text{tang. lat.}}{2s} - \frac{\text{cotang. } \frac{AMB}{2}}{2 \text{ cot. decl.}}\right)$

Lorsque le Zenith Z est fort prés du pole, il faut remarquer 1°. que le probleme sera impossible, si l'expression du sinus de l'angle ABC se trouve plus grande que le rayon. 2°. Qu'une erreur assés petite sur la tangente de la declinaison peut produire dans la valeur de l'angle ABC une erreur de quelques minutes. En effet soit β l'erreur commise sur la tangente de la declinaison, & $\frac{Nn.\text{ tang. lat.}}{2s} = r - \omega$,

$= r - \omega'$, ω' etant une quantité fort petite par rapport à r, on trouvera que l'erreur commiſe ſur le ſinus de ABC, eſt à peu prés $\frac{r^2 s\beta}{(\text{tang. lat.})^2 . (\text{cot. lat.})} = \frac{\beta s}{\text{tang. lat.}}$, donc &c.

II.

De la determination de l'orbite des Planetes.

Lemmes.

IV. Soit AGB (fig. 3.) une demi-Ellipſe, dont le demi-grand axe AC $= a$, l'excentricité CF $= e$, un rayon quelconque CG $= x$, & le coſinus de l'angle AFG $= q$, le ſinus total etant 1, je dis qu'on aura $x = \frac{aa - ee}{a - eq}$. Cette propoſition eſt ſi facile à prouver par le calcul, que je ne m'y arrete pas.

V. Delà il s'enſuit que le ſecteur AFG $= \int \frac{-dq(aa-ee)^2}{(a-eq)^2 \sqrt{(1-qq)}}$ $=$ à trés peu prés angl. AGF $\times \frac{\overline{aa-ee}^{\,2}}{aa} + \frac{\overline{aa-ee}^{\,2}}{a^4} \times 2e\sqrt{(1-qq)}$.

VI. Donc ſi d'un rayon arbitraire FP $= 1$ on décrit un cercle qui ſoit coupé en V, u, v, par les lignes FG, Fg, Fγ tirées à volonté du point F, on aura (en menant les ſinus VP, up, $u\pi$, & la ligne Vo perpendiculaire à ces ſinus) le Sect. GgF $=$ angl. GFg $\times \frac{\overline{aa-ee}^{\,2}}{aa} + \frac{\overline{aa-ee}^{\,2}}{a^3} \times 2e \times ui$; & le Sect. γFG $=$ angl. γFG $\times \frac{\overline{aa-ee}^{\,2}}{aa} + \frac{\overline{aa-ee}^{\,2}}{a^3} \times 2e \times vo$.

VII. Suppoſons préſentement que le rapport des lignes ui, vo, (fig. 4.) ſoit donné, & que ce rapport ſoit celui de p à q, & qu'on

 pro-

propose de trouver la position de la ligne FP ou FA. Il est evident que la question se réduit à trouver la position de la ligne Vi, qui doit etre perpendiculaire aux lignes ui, vo; Pour cela on joindra les points u, v, par la corde uv, que l'on prolongera en S, jusqu'à ce que vS soit à uS comme q est à p: on tirera ensuite la ligne SVi, qui sera parallele à FA; car menant les perpendiculaires ui, vo, on aura $ui : vo = u\mathrm{S} : v\mathrm{S} = p : q$, donc &c.

VIII. L'angle OVF sera donc egal à l'angle de la ligne FA avec FV. Mais pour trouver plus facilement cet angle par l'expression analytique de sa tangente, ou de son sinus, on menera les perpendiculaires Vo', uv' sur la ligne Fv, & on imaginera la ligne uo'' parallele à Vo: cela posé on nommera $Vo' = \mathrm{A}$; $uv' = a$; $v'o' = \mathrm{B}$; vv', b, $v'o'' = x$; & à cause des triangles semblables $V\omega o'$, $uv'o''$, on aura $o\omega' = \frac{\mathrm{A}x}{a}$; & les triangles semblables vuo'', $v\mathrm{S}\omega$ donneront $o''v$: $v\omega = u\mathrm{S} : v\mathrm{S} = p : q$ donc $p : q = \mathrm{B} + \frac{\mathrm{A}x}{a} - b - x : \mathrm{B} + \frac{\mathrm{A}x}{a}$, donc $x = \frac{p\mathrm{B}a - q\mathrm{B}a + qba}{-p\mathrm{A} + q\mathrm{A} - qa}$. Donc $\frac{x}{a}$ ou la tangente de l'angle $v'uo''$, egal au complement de l'angle vFP, est

$$\frac{\mathrm{B} - \frac{qb}{q-p}}{\frac{qa}{q-q} - \mathrm{A}}$$

PROBLEME.

IX. *Cinq observations d'une Planete etant données, pourvu qu'elles soient toutes faites dans la conjonction, ou toutes dans l'opposition, ou les unes dans la conjonction & les autres dans l'opposition, trouver la position de la ligne des noeuds, l'inclinaison de l'orbite, la position de la ligne des apsides, le tems de la revolution*

tion periodique de la Planete, le rapport de son excentricité à sa moyenne distance, enfin le rapport de sa moyenne distance avec celle de la terre au Soleil.

19. Pour déterminer la position de la ligne des nœuds, on remarquera que l'orbite de la Planete, & sa projection sur le plan de l'Ecliptique, peuvent ainsi que l'orbite de la terre, etre pris d'abord pour des cercles dont le Soleil occupe le centre. Soit donc FO (fig. 5.) la projection de l'orbite, O, F, deux points rapportés à l'Ecliptique, dans lesquels la Planete se trouve dans deux des observations, & qui soient tous deux des points de conjonction ou des points d'opposition ; soit enfin SV la ligne des nœuds, & soient imaginées, OV, Fu, perpendiculaires à cette ligne ; il est evident que ces lignes OV, Fu, feront entr'elles à trés peu prés comme les sinus ou les tangentes des latitudes observées en O & en F. Soit $\frac{m}{n}$ le rapport de ces tangentes ou de ces sinus, la question se réduira donc à trouver la position de la ligne SV, telle que les perpendiculaires OV, Fu, à cette ligne soient entr'elles comme m à n, ou ce qui revient au meme, tirant OZ parallele à SV, il faudra que $SZ = \frac{FS \times m}{n}$, donc $FZ = \frac{FS.\ n-m}{m}$. Ainsi faisant $FS = 1$, le sinus de l'angle $FSO = c$, son sinus verse $= e$, on aura la tangente du compl. de l'angle $FSV = \frac{\frac{n-m}{m} - e}{c}$

20. Soit s le sinus verse inconnu de l'angle d'inclinaison de l'orbite, prenant toujours le rayon SO pour sinus total, il est facile de voir que l'angle qui répond à l'angle de projection KSO, dans l'orbite réelle, sera $KSO + s.\ OV.\ SV$, & qu'ainsi l'angle qui répond dans l'orbite réelle, à l'angle de projection FSO, sera $FSO + s\ (Fu.\ Su - OV.\ SV)$. Or comme l'angle FSO est connu

 pa

par observation, il s'ensuit qu'on aura l'expression de l'angle correspondant dans l'orbite réelle, & que cette expression sera égale à une quantité connuë, plus au produit de ϵ, par une quantité aussi connuë, (on peut observer en passant que la quantité qui multiplie ϵ, est égale au double du sinus de l'angle 2 F S K, moins le double du sinus de l'angle 2 O S K.)

30. Imaginons à present que G, g, γ, (fig. 3.) soient les trois lieux de la Planete dans son orbite réelle, répondans à trois des observations, il est certain qu'on connoitra les tems t, t' employés par la Planete à aller de G en g, & de G en γ, & que de plus les angles G F g, G F γ, seront égaux à des quantités connuës, plus à des produits de ϵ par des quantités connuës. Or par la loy de Kepler, on aura (en nommant T le tems de la révolution periodique) $\frac{t}{T} = \frac{\text{Sect. } G g F}{\text{air. Ellipt.}} =$ (art. 6.) $\frac{\text{angl. } g F G}{360^\circ} + \frac{2 e \times u i}{360^\circ . a}$ & par la meme raison $\frac{t'}{T} = \frac{\text{Sect. } G F \gamma}{\text{air. Ellipt.}} = \frac{\text{angl. } \gamma F G}{360^\circ} + \frac{2 e . v o}{363^\circ . a}$, donc $ui : vo :: \frac{t}{T} - \frac{\text{angl. } g F G}{360^\circ} : \frac{t'}{T} - \frac{\text{angl. } \gamma F G}{360^\circ}$. Donc le rapport $\frac{p}{q}$ de ui à vo sera exprimé par une quantité qui ne contiendra d'inconnuës que T & ϵ.

40. Par la meme raison, comme les angles V F u, V F v (fig. 4.) sont exprimés par des quantités dans lesquelles il n'entre d'inconnuë que le sinus verse ϵ, qui est toujours une quantité assés petite, les lignes qu'on a nommées A, a, b, dans l'art. 8. seront aussi exprimées par des quantités qui ne renfermeront d'inconnuë que ϵ; donc la tangente de l'angle F v π, complement de celui que fait la ligne des absides F A avec un rayon F v de l'orbite, sera exprimée par une quantité, où il n'y aura que T & ϵ d'inconnues. Or comme il y a cinq observa-

observations, on aura 3 valeurs de cette tangente, & ces trois valeurs etant comparées entr'elles donneront les inconnuës T & s.

50. Les quantités T, s, etant connuës, on aura la position de la ligne des absides par la valeur de la tangente de l'angle Fvx; on aura par consequent la ligne ui & l'angle VFu, ou GFg; & pour avoir le rapport $\frac{s}{a}$ de l'excentricité à la moyenne distance, on fera $\frac{s}{a} = \left(\frac{s}{T} - \frac{\text{angl. } gFG}{360°}\right) \times \frac{360°}{2 \cdot ui}$.

60. Il ne reste plus à trouver que la moyenne distance de la Planete, ou le rapport du grand axe de son orbite avec le grand axe de l'orbite de la terre: or c'est à quoy on peut parvenir par differens moyens. En premier lieu, par la quantité absoluë de la latitude, car l'orbite de la Planete etant trouvée quant à l'espece & quant à la position, un des angles de latitude observés, donnera de plus le rapport du rayon de cette orbite, avec le rayon correspondant de l'orbite Terrestre. En second lieu, connoissant le tems periodique de la Planete, on connoitra le rapport de l'axe de son orbite avec celuy de l'orbite de la Terre, par la loy de Kepler. Enfin on peut aussy trouver l'axe de l'orbite à peu prés, par trois observations, F, O, R, (fig. 5.) dont deux F, O, soient faites en conjonction, & la troisiéme R dans l'opposition; car les deux observations F, O, donneront la position de la ligne des noeuds S K: or la tangente de la latitude en R sera à la tangente de la latitude en O $= \frac{RF}{ST - OS} : \frac{OV}{ST + OS}$ (S T etant le rayon de l'orbite terrestre). D'où l'on connoitra le rapport de S T à O S; c. à d. le rapport des rayons des deux orbites.

REMARQUE

X. On peut encore trouver l'inclinaison de l'orbite par une methode independante de celle que nous venons d'expliquer, car

car connoissant le tems que la Planete met à parcourir l'angle O S F, on connoîtra à peu prés le tems de sa révolution periodique, d'où l'on déduira par la loy de Kepler le rapport de S T à O S. Or les sinus des latitudes observées en F & en O, donneront la position de la ligne des noeuds, & de plus, comme le rapport de T S à S O est donné, ces mêmes sinus donneront aussi l'inclinaison de l'orbite.

Remarque II.

XI. Il est visible que le Probleme qui consiste à déterminer l'orbite de la Terre par trois observations, en supposant que la longueur de l'année soit connuë, n'est qu'un cas particulier de celuy-cy, & qu'on peut le resoudre fort simplement par la methode du Probleme precedent, en faisant $e = o$, & supposant T donnée, on n'aura pour lors qu'une seule valeur de la tangente de l'angle F v x, & la valeur de cette tangente ne renfermera que des quantités connues. Si T n'etoit pas donné, il faudroit 4 observations, & on auroit deux valeurs de la tangente, lesquelles serviroient à déterminer T.

Remarque III.

XII. Aprés avoir résolu par la voye, que nous venons d'expliquer, le Probleme general, il est visible qu'on pourra facilement en trouver une nouvelle solution plus approchée, & des déterminations plus exactes de chaque inconnüe. C'est sur quoy il ne me paroit pas necessaire de m'arrêter, parce que mon but est de donner simplement icy l'esprit & l'idée de la methode.

Remarque IV.

XIII. La maniére dont j'aj enseigné dans l'art. 8. à trouver analytiquement la position de la ligne F A, (fig. 3.) en connoissant le rapport de $u i$ à $v o$, peut etre aussy fort utile pour résoudre par le calcul un autre Probleme d'Astronomie, qui consiste à trouver l'orbite lorsqu'on connoit trois distances G F, g F, γ F & l'angle qu'elles comprennent. Car soient x, x', x'', ces distances, & q, q', q'' les

les cosinus des angles correspondans G F A, g F A, γ F A, on aura $x = \frac{aa - ee}{a - eq}$; $x' = \frac{aa - ee}{a - eq'}$; $x'' = \frac{aa - ee}{a - eq''}$ donc $x : x' = \frac{a}{e} - q' : \frac{a}{e} - q$; & $x : x'' = \frac{a}{e} - q'' : \frac{a}{e} - q$. donc $x - x' : x' = q - q' : \frac{a}{e} - q$; & $x - x'' : x'' = q - q'' : \frac{a}{e} - q$. Donc $q - q' : q - q'' = \frac{x - x'}{x'} : \frac{x - x''}{x''}$, c. à. d, (fig. 3.) que P p sera à P π dans le rapport connu de $\frac{x - x'}{x'}$ à $\frac{x - x''}{x''}$. Or il est facile de déterminer par ces conditions la position de la ligne F A, en employant une methode analogue à celle de l'art. 8. cy dessus. A l'egard du rapport $\frac{a}{e}$, de l'excentricité à la moyenne distance, ce rapport sera connu dés que la position de F A le sera, car $\frac{a}{e} = \frac{x' . (q - q')}{x - x'} + q$.

ERRATA POUR LES MÉMOIRES

de Mr. D'ALEMBERT, imprimés dans les Volumes de 1746, 1747, & 1748.

MÉM. 1746.

Pag. 184 ligne 2, *au lieu de* 1°. Or, *lisés* Or 1°

Même page ligne 11, *au lieu de* x, *lisés* · (*signe de multiplication*)

Pag. 185 lig. 1, on ay, *lis.* on $a y$.

Même page ligne derniere *au lieu de* en, *lis.* eft.

Pag. 187 lig. 8, *au lieu de* $p\sqrt{-1}$, *lis.* $q\sqrt{-1}$.

Même page lig. 11, *au lieu de* D'ailleurs, *lis.* En effet.

Pag. 190 lig. 4, *au lieu de* x Q, *lis.* · Q

Pag. 191 lig. 12, *au lieu de* de, *lis.* du

Pag. 192 lig. 12, *au lieu de* $(aa+bb)g$ *lis.* $(aa+bb)^g$.

Pag. 193 lig. 8, *au lieu de* $\frac{1}{2g}$, *lis.* $\frac{g}{2}$

Pag. 194 lig. 10, *au lieu de* $+q$, *lis.* $-q$.

Pag. 195 lig. 2, même correction.

Pag. 203 lig. 6, *au lieu de* $2z$, *lis.* $2g$.

Pag. 204 lig. 8, *au lieu de* $+fz$, *lis.* $\pm fz$.

Même page lig. 14, *au lieu de* $\pm\frac{f}{2}$, *lis.* $\mp\frac{f}{2}$

Pag. 205 lig. 6, *au lieu de* 20, *lis.* 21.

Même page lig. 9, *au lieu de* $+fz$, *lis.* $\pm fz$.

Même page lig. 11, *au lieu de* x, *lis.* z.

Pag. 206 lig. 1, *au lieu de* $+fz$, *lis.* $\pm fz$.

Même page lig. 5, *au lieu de* $\pm ft$, *lis.* $\mp ft$.

Dans cette page, il sera bon de mettre par tout A au lieu de a, la quantité A étant égale $a\sqrt{(bb-\frac{ff}{4})}$

Pag. 208 lig. 8, *au lieu de* $z+a$, *lis.* $z\pm a$.

Même page lig. 14 & 15 *effacés* par consequent

Pag 209 lig. 3, *au lieu de* $\sqrt{ay}$, *lis.* $\sqrt{y}$.

Pag. 210 lig. 12, *depuis le mot* excepté, effacés le reste de la phrase.
Pag. 211 lig. 4, *au lieu de* a, *lis.* adx.
Pag. 212 ligne antepenultieme, *au lieu de* $\sqrt{(a+bx+cxx)}$ *lisés* $\frac{\sqrt{(a+bx+cxx)}}{\sqrt{(a+bx+cxx)}}$
Pag. 213 lig. 7, *au lieu de* $\left(\frac{b-z}{n}\right)^2$, *lisés* $\left(\frac{b-z}{a}\right)^2$.
Pag. 214 lig. 10, *au lieu de* $b+z$, *lis.* $b-z$.
Pag. 218 lig. 3, *au lieu de* $aa+xx$, *lis.* $aa\mp xx$.
Même page lig. 9, *au lieu de* $(aa\mp uu)^{\pm\frac{n}{2}-\frac{1}{2}}$, *lis.* $(aa\mp uu)^{(\pm\frac{n}{2}-1)\cdot\frac{1}{2}}$
Pag. 222 lig. 13, *au lieu de* gx, *lis.* $g'x$. Même page lig. 14, *lisés* encore $g'x$, pour gx, $g'z$ pour gz. Même page lig. 15, *lisés* $g'z$ pour gz; lig. 16, *lisés* $g'g'$ pour $g'g'$, lg' pour g & $\pm g'$ pour $\pm g$; ligne derniere $g'a$ pour gz
Pag. 223 lig. 2, *au lieu de* ggz, *lisés* $g'g'z$, *au lieu de* $-lg$, *lis.* $-lg'$, *au lieu de* $\mp g$ *lis.* $\mp g'$ & *au lieu de* γz *lisés* $g'z$.
Même page lig. 6, *au lieu de* γz *lisés* $g'z$.
Même page lig. 10, *au lieu de* $-dgl+ggg$, *lis.* $-dg'l+\frac{gg'g'}{k}=0$.
Même page lig. 12, *au lieu de* gl, *lis.* $g'l$, & *au lieu de* $\pm g$, *lis.* $\pm g'$
Même page lig. 13, *au lieu de* gx, *lis.* $g'x$, & *au lieu de* $\bar{g}$, *lis.* $\bar{g'}$
Pag. 224 lig. 10, *au lieu de* $\mp r$ *lis.* $\mp p$

Mém. 1747.

Pag. 144 ligne 15, *au lieu de* SL, *lisés* SZ.
Même page lig. 18, *au lieu* du second NO, *lis.* *no*
Même page ligne antepenult. *au lieu de* SO, *lis.* S*o*.
Pag. 145 ligne antepenult. *au lieu de* S, *lis.* *s*.
Dans la Fig. 1, il faut tirer CN.
Dans la Fig. 4, *vn* & *n*S doivent être en ligne droite
Pag. 148 lig. 12, *au lieu de* $v'o'=B$, *lis.* $vo'=B$.
Pag. 150 lig. 5, *au lieu de* au double (*bis*) *lisés* à la moitié
Pag. 151 lig. 22, *au lieu de* $\frac{RF}{ST-OS}$ *lis.* $\frac{RP}{ST-OS}$, & mettés P pour S dans la figure.
Pag. 215 lig. 6, *au lieu de* l'are, *lis.* l'arc.
Même page lig. 13, *au lieu de* b, *lis.* β, & observés que l'imprimeur a mis indifféremment β ou β, de sorte que ces Lettres designent la même quantité.
Même page lig. 20, *au lieu de* b, *lisés* β

Pag. 216 observés que l'imprimeur a mis indifferemment ϑ ou θ
Même page lig. 21, *au lieu de* s, *lisés* f
Pag. 217, *au lieu de* Γs, *lisés* $\Gamma - s$
Même page, il faut mettre un grand O par tout où il y a un petit *o*.
Pag. 218, même observation.
Dans la Fig. 5, il faut mettre Q pour Z
Pag. 223 lig. 6, *au lieu de* 's, *lisés* S
Dans la Fig 6, il faut mettre une S, *au milieu de* OK', entre les points g' & g
Dans la Fig. 7, mettés on S, *au milieu de* OK
Pag. 229 lig. 11, *au lieu de* le art. *lis.* les art.
Pag. 231 lig. 6, à compter d'en bas, *au lieu de* KQTGH, *lis.* KQTGA
Pag. 233 art. XXIX, observés que l'imprimeur a mis indifferemment β ou ϐ; aussi bien que ϑ ou θ
Pag. 236 lig. 3, à compter d'en bas, *au lieu de* LB. cette, *lisés* LB, cette
Pag. 237 lig. 8 & 9, *au lieu de* y, *lisés* u
Pag. 237 lig. *au lieu de* $\overline{a-x}^{\frac{1}{3}} - (a-x)$ *lisés* $\overline{a-x}^{\frac{1}{3}} - (a-x)$
Pag. 238 lig. 4, *au lieu de* 2, *lisés* z
Pag. 240 lig. 6, à compter d'en bas, *au lieu de* σ *lis* 6
Fig. 17, mettés un second t au bont de la ligne d'en bas
Pag. 243 lig. 12, *au lieu de* $x = 1$, *lis.* $x =$
Pag. 244 lig. 13 & 14, *au lieu de* Z, *lis.* L
Pag. 246 lig. 9, à compter d'en bas, *au lieu de* c^{-nc} *lis.* c^{-ns}
Pag. 246 lig. derniere, *au lieu de* aux angles, *lis.* aux complemens des angles.

MÉM. 1748.

Pag. 249 lig. 11, *au lieu de* nétant, *lisés* *n* étant.
Pag. 252 lig. avant derniere, *au lieu de* ^{s}z, *lisés* z^{s}
Pag. 253 lig. 2, *au lieu de* $\frac{-r+1}{2}$, *lisés* $\frac{-r+2}{2}$
Même page lig. 7, *au lieu de* $+\frac{r}{2}$, *lis.* $\pm\frac{r}{2}$
Même page lig. 9, *au lieu de* $+\frac{n}{2}$ *lis.* $\pm\frac{n}{2}$; & *au lieu de* $+\frac{r}{2}$ *lis.* $\pm\frac{r}{2}$
Pag. 255 lig. 3, *au lieu de* kdu, *lis.* $\frac{kdu}{2}$
Pag. 256 lig. 14, *au lieu de* $-\left(\frac{gx-gb+af}{a}\right)$ *lisés* $\cdot\left(\frac{gx-gb+af}{a}\right)$
Même page lig. 20, *au lieu de* $bbccqq$, *lis.* $bbccgg$

Pag.

Pag. 257 lig. 10, *au lieu de* $2aaeefc$, *lisés* $2aaegfc$
Même page lig. 24, *au lieu de* $\int du$ &c. *lis.* $-\int du$ &c.
Même ligne, *au lieu de* $\frac{km}{4m}$, *lis.* $\frac{k}{4}$; même ligne, *au lieu de* $\frac{km}{4n}$, *lis.* $\frac{km}{8n}$;
Pag. 258 lig. 10, *au lieu de* $\frac{km}{4n}$, *lis.* $\frac{km}{8n}$
Même page lig. 11, *au lieu de* $+dl\int$, *lis.* $-dl\int$
Même page lig. derniere, *au lieu de* $-\frac{\Phi}{2}$, *lis.* $\frac{\Phi}{o}$, & voyés sur tout cet article IX les nouvelles additions à ces recherches sur le calcul integral, imprimées dans ce Volume.
Pag. 263 lig 8, *au lieu de* xx, *lisés* xxx; Même page ligne derniere, *au lieu de* ϵ, *lis.* u
Pag. 265 lin. 1, *au lieu de* Cel, *lis.* Cela
Pag. 267 lig. 11, *au lieu de* ζx, *lis.* γx
Pag. 268 lig. ante penult. *au lieu de* $\Phi \frac{n}{m}$, *lis.* $\Phi + \frac{n}{m}$; & *au lieu de* mnn, *lis.* mn
Pag. 269 lig. 15, *au lieu de* $+m^2$, *lis.* $+n^2$
Pag. 270 lig. 9, *au lieu de* $-A$, *lis.* $\pm A$
Même page lig 13, *au lieu de* $+\frac{A}{\Phi}$, *lis.* $\pm\frac{A}{\Phi}$
Pag. 271 lig. 3, *au lieu de* $\pm A$, *lis.* $+A$.
Pag. 272 lig. 5, à compter d'en bas, *au lieu de* $ydxx$, *lis.* ydx
Pag. 274 lig. 5, *au lieu de* $\frac{z}{\sqrt{(\alpha+\beta z+\delta zz)}} = -\frac{1}{u}$ *lis.* $\frac{z}{\alpha+\beta z+\delta zz} = \frac{1}{\delta u}$
Pag. 275 lig. 16, *au lieu de* equations, *lisés* ; equation
Pag. 277 lig. 8, *au lieu de* y^2; *lis.* y; lig. 12, *au lieu de* ce qui, *lis.* ce qu'il
Pag. 278 lig. 1, *au lieu de* dx, *lis.* dx; lig. 2, *au lieu de* $+t$, *lis.* $+s$; lig. 4, *au lieu de* $+qs$, *lis.* $+ps$; lig. 7, *au lieu de* ax^m, *lis.* $a'x^m$
Pag. 281 lig. 1, *au lieu de* dz, *lisés* dZ.
Pag. 283 lig 12, *au lieu de* $-\frac{C+L}{2k}$, *lis.* $\frac{-C+L}{2k}$; lig. 16, *au lieu de* de, v, *lis.* de v.
Pag. 284 lig. 17, *au lieu de* un t, *lis.* une, & lig. 18, *au lieu de* K a), *lis.* Ka)t; lig 20, *au lieu de* $u'-u$, *lis.* $u-u'$, & *au lieu de* $z\alpha$, *lis.* 2α
Pag. 286 lig. 7, à compter d'en bas, *au lieu de* $gv+m\mu$, *lis.* $gv+n\mu$.
Pag. 287 lig. 15, *au lieu de* egales, *lis.* egaux. lig. 24, *au lieu de* 49, *lis.* 47
Pag. 288 lig. 8, à compter d'en bas, *au lieu de* en mettant, *lis.* on mettroit
Même page le §. LII est repeté Deux fois
Pag. 290 lig. 4, après ces mots l'art. 52, ajoutez Scolie V.

Voila les principales fautes qu'on a pu remarquer; mais il peut y en avoir encore.

MEMOI-

www.ingramcontent.com/pod-product-compliance
Ingram Content Group UK Ltd.
Pitfield, Milton Keynes, MK11 3LW, UK
UKHW031849260826
14628UKWH00002B/684

9 782019 147112